本书是山东大学青年学者未来计划人才项目
“时尚文化产业研究”（2018WLJH）阶段性成果

文创产品
审美化消费研究

Aesthetic Consumption of
Cultural and Creative Products

张爱红 著

山东人民出版社 · 济南
国家一级出版社 全国百佳图书出版单位

图书在版编目（CIP）数据

文创产品审美化消费研究 / 张爱红著．-- 济南：山东人民出版社，2019.11
ISBN 978-7-209-12410-2

Ⅰ．①文… Ⅱ．①张… Ⅲ．①文化产品－消费－研究－中国 Ⅳ．① G124

中国版本图书馆 CIP 数据核字 (2019) 第 275892 号

文创产品审美化消费研究
张爱红　著

主管单位　山东出版传媒股份有限公司
出版发行　山东人民出版社
出 版 人　胡长青
社　　址　济南市英雄山路 165 号
邮　　编　250002
电　　话　总编室（0531）82098914
　　　　　市场部（0531）82098027
网　　址　http://www.sd-book.com.cn
印　　装　山东华立印务有限公司
经　　销　新华书店

规　　格　16 开（169mm × 239mm）
印　　张　13.5
字　　数　200 千字
版　　次　2019 年 11 月第 1 版
印　　次　2019 年 11 月第 1 次
ISBN 978-7-209-12410-2
定　　价　40.00 元

序

《文创产品审美化消费研究》一书是山东大学青年学者未来计划人才项目“时尚文化产业研究”的阶段性成果。作者张爱红于2008—2011 年在东南大学艺术学院读博，其间作为中美联合培养博士生，由国家留学基金委派往美国密歇根大学（安娜堡分校）访学一年。博士毕业后，张爱红到山东大学艺术学院任教，2019 年成为山东大学年轻的博士生导师。

本书的研究核心是文创产品的审美化消费。作者以当前都市日常生活中的审美消费现象为现实背景，以韦尔施的“日常生活审美化”命题为理论依据，探索当今城市场域中文创产品发展的“审美化”之路，力图化解文化产业中经济效益与社会效益的二元矛盾，突出审美在平衡二者冲突时的文化力量。

文创产品泛指一切源于文化主题的产品，是经过创意加工后具有特定文化价值和市场价值的物质化实体和非物质化文化服务的统一。作者熟悉西方文化理论，同时又能根据中国文化的自身特点来消化和吸收西方文化创意产业的先进经验，力求使中国城市形成本土化的发展模式。在理论的指导下，本书列举近 10 年在文化消费方面走在全国前列的 3 个一线城市——北京、上海和广州，并结合以济南为代表的二线城市，在对比分析中反观我国主要城市的整体文化消费水平和特点，从而探索影响我国文创产品消费的主要因素，为我国文化产业的创新发展提出相应的改革措施和建议。

本书详细阐述了两个重要概念，即“经济审美化”和“文化资本”。这两个概念对我国文化产业及其相关学科的发展具有重要的现实意义。2001 年，德国学者格尔诺特·伯梅在《审美经济批判》中提出了“审美经济”的概念，提出继农业经济、工业经济之后，人类经济的发展进入了审美经济的时代。在审美经济中，产品的价值体现为交换价值、使用价值和审美价值的统一。“审美化”是20世纪遍布美学、经济学、社会学、文化学等多个领域的共同学术命题，其核心论断是“日常生活审美化”，进而又分化为“经济审美化”“社会审美化”和“全球审美化”三个论题。

以“经济审美化”的理论指导文化产业，要重视审美在文化产业中的作用。任何一种有形产品都包括技术和造型两部分。如果以产品造型的优劣为纵坐标，以产品技术的高低为横坐标，纵横坐标相交于一点，在纵横坐标内形成四个象限，这就是产品的定位图。它是由美国工业设计师协会前主席、当时的卡耐基·梅隆大学设计学院教授乔纳森·恰安和卡耐基·梅隆大学机械工程学院教授克雷格·M. 沃格尔提出来的。这个定位图左下方的象限内，其产品技术含量低，造型劣；右下方的象限技术含量高，造型劣；左上方的象限内，其产品技术含量低，造型优；右上方的象限内，技术含量高，造型优。因而，右上方的象限是各个公司在竞争中抢得先机、脱颖而出所必须占领的位置。

在这里，技术指的是产品的核心功能，即产品原动力以及生产产品的材料和方法。造型指的是将审美和人体工程学问题结合起来的感觉因素。按照这种模式设计的产品，才能超越“表层审美化”，从而进入“深层审美化”。

在知识经济时代，文化成为资本。本书阐述了布迪厄的“文化资本论”。布迪厄认为，资本的三种形式即经济资本、文化资本、社会资本，三者中起决定作用的是经济资本，三者之间可以以经济资本为媒介而相互转换。本书关注的是文化资本如何向经济资本和社会资本转换。这个观点对文化产业的发展同样具有重要的指导意义。文化不仅在创意产业中起着非常重要的作用，而且在其他产业中也起着重要的作用。很多西方知名的制造企业已经实现了从重视产品的功能到重视文化的转变，它们不仅把自己看作制造公司，而且将自己看作文化公司。关于这一点，曾任宝马公司总裁的保罗·赫尼曼说得最醒豁，他要求员工把宝马公司当成一种文化，而不仅仅是一家公司。他的目标是不仅让消费者家中都停着一辆宝马，而且要让每个人的心中都有宝马这个名词。汽车的品牌管理不是像以往那样强调汽车的功能利益，而是强调汽车的情感利益或汽车的个性。

制造企业不仅要做产品，而且要做文化，这种理念为越来越多的经济学家、管理学家和企业家所重视、所践履。例如，可口可乐是一种非常简单的产品，它的有形部分只有三种：药剂师彭伯顿于1886年发明的糖浆，他的合伙人罗宾逊第二年用斯宾塞体写成的商标，以及1915年设计的一步裙形的瓶子。经过多次蒙目测试得知，可口可乐的口感并不比其他饮料好。改用塑料大瓶后，它的设计优势也丧失殆尽。然而，可口可乐的独特之处是，公司总裁罗伯特·伍德拉夫提出，不把可口可乐当作饮料，哪怕是全世界最好的饮料来做，而要把它做成"美国最美国化的东西"，即做成美国文化的代名词。通过一系列文化创意措施，罗伯特·伍德拉夫的目标实现了，《华盛顿邮报》和《音乐新闻》这些旨趣迥异的报纸都提出"像可口可乐一样美国化"，可口可乐俨然成为美国化的标尺。

隐藏在可口可乐背后的商业逻辑是：消费者对文化的需求超过了对产品本身的需求。因此，如何以文化为支点撬动产品研发和产品销售，以审美需求促进产品美学内涵的提升，从而形成特色品牌，是学界和商界必须深思并亟须解决的一个共同问题。

《文创产品审美化消费研究》一书做出的一系列探索，为现阶段推动我国文化产业的转型升级提供了一条新的路径，也为我们理解文化消费提供了一个新的视角，让我们以消费者的眼光审视产品与商业的内在关联，于美学的山巅之上纵览商业社会的消费图景。祝愿张爱红在学术道路上取得更大成绩。

凌继尧

2019年10月

目 录

第一章　绪论

在大众文化崛起的时代，“文化”具有了更宽广的内涵。重新解读文化的意义已成为当前学界各领域开展研究的大前提。早在1982年的世界文化大会上，与会学者们就一致认为：“文化赋予我们自我反思的能力。文化赋予我们判断力和道义感，从而使我们成为有特别的人性的、理性的生物。我们正是通过文化辨别各种价值并作出选择。人正是通过文化表现自己、认识自己、承认自己的不完善、怀疑自己的成就、不倦地追求新的意义和创造出成果，由此超越自身的局限性。”① 然而，在文化本质逐渐退隐、文化意义日渐模糊的当今消费时代，经典文化中的理想和信仰却遭到了前所未有的质疑。法国当代社会学家艾德加·莫兰（Edgar Morin）就尖锐地指出，“‘文化’这个词看起来是统一的、稳定的、坚定的概念，其实不然，这完全是个文字上的陷阱，其实这是个空洞的、以其昏昏使人昭昭的、金玉其外败絮其中的、具有双重面孔的、潜伏着危险的词汇。这是个词汇的神话，声称包含有救世的秘方，声称能带来真理、智慧、自由、创造性和生活准则等等”②。

显然，时代语境的快速流转并不能保证任何经典都将成为永恒，也无法确保任何信仰都是普罗大众医治百病的千年秘方。文化经典逐渐被消解之后，城市文化作为大众文化的一支，在“被消费”的生存语境下成功逆袭，以“泛审美”的力量正焕发着新的产业势能。本书即从当今城市文化中的审美化消费的语境入手，考察审美化消费对我国文化产业发展的正负面影响，以文创产品为突破口，从而构建我国文化产业的特色品牌，并探寻文化产业

---

① ［美］欧文·拉兹洛编辑：《多种文化的星球——联合国教科文组织国际专家小组的报告》，戴侃、辛未译，科学文献出版社，2001，第153页。

② ［法］艾德加·莫兰：《社会学思考》，阎肃伟译，上海人民出版社，2001，第351页。

转型升级的“审美化”路径。

第一节　研究背景

全球化浪潮来袭时，伴随着经济对文化领域的全面渗透，文化产业已成为全球备受关注的研究领域。“萨斯基娅·萨森（Saskia Sassen）已经提出了‘全球城市’（Global City）的概念，借此对当代都市不可避免的经济和政治转型过程进行理论描述。”① 因此，在当今社会从生产到消费的转型期中，“消费”已不再是一个专属经济学领域的问题，“随着文化的高雅目标与价值屈从于生产过程与市场的逻辑，交换价值开始主宰人们对文化的接受”②，文化的消费日渐成为全球化时代人们追求精神自由与生存价值的一种新的行为方式。以往建立在纯粹物质经验上的消费快感并不能填充繁华都市中的物欲空虚，为了获得更高的精神享受和文化满足，人们更注重内蕴于物质产品之中的符号内涵和意义所指，审美化消费已成为都市日常生活中的普遍现象。德国美学家沃尔夫冈·韦尔施（Wolfgang Welsch）将此称为“全球审美化”（Global Aestheticization），认为“审美化最明显地见之于都市空间中，过去的几年里，城市空间中的几乎一切都在整容翻新。购物场所被装点得格调不凡，时髦又充满生气。这股潮流长久以来不仅改变了城市的中心，而且影响到了市郊和乡野。差不多每一块铺路石、所有的门户把手和所有的公共场所，都没有逃过这场审美化的大勃兴”③。同时，韦尔施看到，“这类日常生活的审美化，大都服务于经济的目的。一旦同美学联姻，甚至无人问津的商品也能销售出去，对于早已销得动的商品，销量则是两倍或三倍地增加……不仅如此，那些基于道德和健康的原因而滞销的商品，通过审美提高身价，便又重出江湖，复又热销起来。因此，审美氛围是消费者的首要所

---

① ［德］海因茨·佩茨沃德：《符号、文化、城市：文化批评哲学五题》，邓文华译，四川人民出版社，2008，第87页。

② ［英］迈克·费瑟斯通：《消费文化与后现代主义》，刘精明译，译林出版社，2000，第20页。

③ ［德］沃尔夫冈·韦尔施：《重构美学》，陆扬、张岩冰译，上海译文出版社，2002，第155页。

获，商品本身倒在其次”①。

也许，在韦尔施看来，都市生活的审美化更像是一场浩劫，不是都市人不适应这种包裹现实的装点，而是美学界一贯的形而上学传统必须直面这种闯入现实的“美丽”。面对日常生活审美化带来的美学冲击，韦尔施认为，我们必须重新思考美的适用范围及其效能。在《重构美学》中，韦尔施直言：“全面的审美化会导致它自身的反面，万事万物皆为美，什么东西也不复为美。”② 在此，韦尔施以美学精英主义者的立场表现出对传统审美理想或将在琐碎的日常生活中沦为庸常、变得晦暗无光的深刻忧思。为避免“全面的审美化”所带来的“全面非审美化”的恶果，韦尔施将“审美化”分为四个层次：“首先，锦上添花式的日常生活表层的审美化；其次，更深一层的技术和传媒对我们物质和社会现实的审美化；其三，同样深入到我们生活实践态度和道德方向的审美化；最后，彼此相关联的认识论的审美化。”③ 四个层次由浅入深、依次过渡，构成同一语义层面上的渐进过程，以此来规避审美化中“一刀切”式的简单粗暴和强硬蛮横。而对于如何才能在日常生活中实现彻底的审美化，即认识论上的审美化，韦尔施提供了一条实践化的途径，“在瞬息变化的表层审美化之中操演着这一深层次的审美化，使它变成现实，如人所见，贯穿在外观之中，呈现给我们的双目，在日常生活中来实践它”④。

显然，尽管韦尔施对处于浅表的审美化（包括“现实的审美装饰”“作为新的文化基体的享乐主义”和“作为经济策略的审美化”）持一种批评的态度，但他依然没有否认表层审美化的积极作用：正是这种表层的审美化在日常生活的实践中操演甚至主导着深层的审美化，并意味着实现彻底审美化的可能，从而达到认识论上审美意识的升腾与超拔。这就如同处于消费境遇中的当下人——虽一度厌恶物质的庸俗，但却不可能完全摆脱物欲的牵绊而凭空造出魔幻的真理。精神的脱俗与信仰的圣洁不会是真空中飞翔的鸽子，

---

① ［德］沃尔夫冈·韦尔施：《重构美学》，陆扬、张岩冰译，上海译文出版社，2002，第7页。

② 同上书，第42页。

③ 同上书，第40页。

④ 同上书，第40－41页。

魔鬼与上帝永远同在。“表层的审美化”虽沾染了尘世的庸俗与艳丽，但却是“彻底的审美化”之不可回避、也无法回避的一个基础阶段——尽管它或许意味着“恶之花”的可能。沿着韦尔施的这一思路，本书以当今文化产业的审美化背景为起点，结合我国主要城市文创产品的消费现状，来探索审美化消费下我国文创产品的创意化发展之路，同时揭示当代人如何在日常生活的实践中从审美消费走向审美化生存。

第二节　研究的意义

在20世纪现代美学的转型中，日常生活对美学的介入着实引起了传统美学界的轩然大波。从海德格尔、阿多诺、哈贝马斯对日常生活的注视，到列斐伏尔、赫勒、费瑟斯通、鲍德里亚对日常生活审美化的论争，这一绵延的学术传统无不折射着西方学术思想的锋芒。无论在不同的学术分野和人文立场中如何论证或批判这一命题，在缤纷而凌乱的现实境遇中，作为一种现象，审美化早已深入到日常生活的各个角落，或者说，日常生活早已“被审美化”了。似真似幻的美艳和妖娆早已厚厚包裹了整个世界，被美化的日常生活日渐掩盖着生活世界的本原，一个巨大的华美漩涡正在一步步将世界吞没——遮蔽人之精神本真和如镜初心的正是这种遍及日常生活的绚丽审美。因此，围绕这一命题的进一步推演，或者说对这一虚幻现实的揭露就具有一定的理论意义和现实意义。

一、理论意义

1. 本书的研究命题拓宽了“日常生活审美化”的研究视域。尽管本书不是对日常生活审美化的专门研究，只是以该命题为研究背景而最终导向文化产业的领域，但本书把以往对该命题“从理论到理论”“从思辨到另一种思辨”的研究从理论泥潭中拽拖出来，打破理论研究的思维惯性，使其转换到文化实践的领域，在新的领域尝试解决这一命题遗留下来的学术盲点。诸如，怎样的审美是可以被当下的人们所接受的？怎样的审美可以化解过度审美所带来的都市病征？如何在转型期实现当代美学的“在地化”研究？因此，对这一命题的推演研究可以拓宽当代美学的研究视域，使审美对象在拆掉传统美学的艺术围城之后，在面对广阔的日常生活时依然可以芬芳。正如韦尔施建立超美学的愿望，建立“范围扩大到涵盖‘感知’所有领域的超越美学的美学，不仅对于完全把握审美来说是势在必然，而且对于充分理解艺术也有着特殊的意义。这最终应该成为拓展美学的一而贯之的依据”①，也是当前国内文艺美学学科重建的依据。

2. 从美学视野丰富文化创意理论，夯实我国文化创意产业的理论基础。由于我国文化创意产业的起步较晚，学术理论基础较为薄弱，加之近几年文化创意产业迅猛发展，文化创意理论亟须理论拓展以满足快速发展的现实需要。坚实的理论基础是铸就文化产业可持续、稳定发展的关键；缺乏相应的理论支撑，任何创新策略都将是“风中之烛”。作为创意理论研究（包括科技创新、文化原创、艺术创意）的一支，“艺术创意”是当前文化创意产业的重要但比较薄弱的环节，其中最致命的缺陷是创意文化资源的不足以及审美标准的缺失。在当前美学经济、大艺术的跨学科、跨界融合的社会环境下，审美不仅应当具备确立自我、完善自我的传统人文价值，更应当拓宽功能的阈值，真正切入现实生活，在生存实际中产生人文关怀。本书对审美化消费的研究有助于弥补当前文化产业理论资源的不足。

二、现实意义

1. 有利于繁荣大众艺术市场，以文化产业的创新发展拉动我国经济的顺利转型。大众艺术市场是文化产业中的重要领域，是所有文化企业、文化产品和文化服务绽放的舞台，也是我国当前文化产业在创新发展中亟待规范和完善的一环。建立健全现代文化市场体系的要点，是要“建立多层次文化产品和要素市场，鼓励金融资本、社会资本、文化资源相结合……健全文化产品评价体系，改革评奖制度，推出更多文化精品”②，以审美文

① ［德］沃尔夫冈·韦尔施：《重构美学》，陆扬、张岩冰译，上海译文出版社，2002，第136页。

② 中共中央关于全面深化改革若干重大问题的决定（2013年11月12日中国共产党第十八届中央委员会第三次全体会议通过），中央政府门户网站，http：//www.gov.cn/jrzg/2013-11/15/content_2528179.htm，2013年11月15日18时57分。

化的消费建立链接金融资本、社会资本和文化资源的审美产业，同时以品牌优势促进更多文化精品的出现，促进我国经济结构的调整与升级，拉动经济的顺利转型。

2. 解决日常生活审美化带来的都市病征和人之异化的危机，不在于如何去阻止这种已成定势的全球化审美浪潮，而在于如何去探寻操控这种审美庸俗化的幕后推手，找到隐匿在黑色月影中的迷障，从而揭露其对现实的危害，批判其美景的虚设、个性的虚伪乃至意义的虚无。面向日常生活的审美实际上已悄然被消费文化控制，以商品的逻辑（而不是艺术的模式）掌控着全局。审美的普遍化带来的一个现实问题是：审美资源的过剩，浅表的审美已逐渐成为一种蛊惑人心的“催情剂”。如不加以疏导、化解、排遣，其结果必然导致人类自我的迷失，人将成为飘忽在半空中的幽灵，永远找不到归家之路、栖居之所。本书以文化产业的境域打开对此问题的实践研究，正是力图解决目前审美资源过剩的问题，以文创产品的创新发展化解盲目的审美化消费，变精品审美资源为文化产能，从而构建文化产业的强势品牌，以审美消费带动大众对高雅艺术的艺术体验和文化向往，实现感性与理性的融合、美学与产业的共赢。这无疑是韦尔施所说的审美化的较高等级之一，是“深入到我们生活实践态度和道德方向的审美化”的现实表现形式之一。

第三节　研究的主要内容及方法

让·鲍德里亚在《消费社会》一书的开篇写道：“今天，在我们的周围，存在着一种由不断增长的物、服务和物质财富所构成的惊人的消费和丰盛现象……富裕的人们不再像过去那样受到人的包围，而是受到物的包围。”① 物质的极大丰富使“消费”成为现代社会的核心概念，瞬息万变的世界和丰富多彩的生活为审美化消费提供了广阔的舞台。审美化消费是城市消费主义生活方式的直接体现，消费的目的不仅是为了满足实际需求，更暗

① ［法］让·鲍德里亚：《消费社会》，刘成富、全志钢译，南京大学出版社，2008，第1页。

合了人在内心深处追求美的欲望，正所谓“爱美之心，人皆有之”。换句话说，人们注重的不是商品和服务的使用价值，而是美学外观带来的符号象征意义。借由审美化消费和对流行元素的追逐，大众在城市文化的舞台上不断以自诩的美学品位标榜着自身的思想内涵，以彰显“不俗”的文化身份。如同凯恩斯主义“消费刺激生产”的经济学理论一般，让·鲍德里亚大胆揭示，“消费的真相在于它并非一种享受功能，而是一种生产功能”①。审美化消费的“求新”“求异”心理恰恰可以成为文化产业不断创新、研发的动力。基于这种大众心理，本书的研究框架如下：

首先，对文创产品的审美文化属性进行阐释。主要内容除了对文创产品以及文创产品中的特殊类型——艺术衍生品进行概念界定外，着重从文化产业发展的审美化背景入手，阐释文创产品的审美属性。同时对影响文创产品发展的文化要素（主要是文化资源要素）进行理论阐述，进而引出文化创新对文创产品发展的重要性。其中，文化创新主要涉及文化差异、知识产权、科技创新和文化体制改革。此内容主要集中在第二章。

第三章结合法兰克福学派对大众文化的批判，探讨城市文化资本的产业魅力及其对当代大众日常生活的深刻影响，着重突出审美文化在当代文化应用语境下的特殊性，论证审美文化作为一种文化产业资源和文化资本的可能性，从而揭示审美文化出场的必然性。

其次，对我国主要城市文创产品的审美化消费状况进行调研，以具体案例进行实证研究。其中主要包括对以济南市为代表的二线城市以及全国一线城市的调研分析，在对比分析中揭示我国一、二线城市居民文化消费的基本特点、存在的问题以及发展建议。此内容集中在第四章。

再次，对大众艺术市场的审美消费和城市文化中的时尚消费进行深度剖析，以日常生活审美化的实践来反馈、投射文创产品审美化消费的理论盲点，思考并探索审美化消费对文创产品的积极意义，从而为文创产品的“审美化”找到理论的现实出口。本部分内容主要集中在第五章。

---

① ［法］让·鲍德里亚：《消费社会》，刘成富、全志钢译，南京大学出版社，2008，第60页。

从次，审美文化对文化产业的作用还体现在：审美化消费在现阶段社会文化的转型期虽然有其不可回避的弊端，但审美化消费在当代文化产业中的“审美自反”性恰恰开启了新的审美生存论境域，以一种新的文化生态，把大众的日常生活引向都市空间中的后文化生存状态，开启了文创产品审美化消费的产业境域。此部分主要以旅游艺术衍生品、博物馆艺术衍生品为例，具体阐述文创产品审美化消费带来的产业前景，可为构建我国文化产业的强势品牌提供案例参考。同时，本书从伦理学的视角出发，认为民俗产业的开发应遵循文化生态学的基本原则。本部分的内容详见第六章。

最后，结语部分提出，都市空间中审美化消费的“美学外溢”（aesthetic spillovers）①虽然有其负面影响，比如，它可能会带来审美贫困主义、商品的美学老化加速等一系列问题，但当前汹涌奔腾的全球化审美思潮已不可能因人类意志的阻挡而停滞，社会文化的发展有其内在且必然的自我规律。就此而言，无论如何批判这种审美的“恶果”都将无济于事，我们要做的是如何在当前狭窄、逼仄、晦暗的都市空间中觅得一丝指引我们思想升华的光亮，在喧嚣、浮华、绚丽的都市生活场域中开辟一块“延宕和宁静的领地”②。法国社会学家米歇尔·德塞尔托（Michel De Certeau，1925—1986）关于日常生活实践的“遁逃术”为我们提供了都市空间中审美化生存的道路。

基于以上研究框架，本书的主要观点是：以当前都市日常生活中的审美消费现象为现实背景，以韦尔施的“日常生活审美化”命题为理论依据，探索当今城市场域中文创产品发展的“审美化”之路，力图化解文化产业中经济效益与社会效益的二元矛盾，突出审美在平衡经济效益和社会效益时的文化力量。抓住当今文创产品的三个核心领域——文化复制品（以行画为例）、旅游衍生品和博物馆衍生品，以理论解析和案例剖析相结合的方式，探索以文化生态和

① ［美］弗吉尼亚．波斯特莱尔：《美学的经济2——美国社会变迁的32个微型观察》，马林梅译，中信出版社，2013，第177页。

② ［德］沃尔夫冈·韦尔施：《重构美学》，陆扬、张岩冰译，上海译文出版社，2002，第42页。

艺术创意为内在发展原则的审美产业。

审美产业作为文化产业的一种特殊形态，以具体的门类艺术为基础，涵盖艺术产业的范畴，在产业发展中以审美消费为动力，以文化生态为原则，注重发挥文化要素在产业中的社会效益，既可不断丰富当代文化的审美内涵，促进文化产业的现代化发展，又可为大众提供一种以艺术体验为主的新型文化生活方式。

在研究思路上，本书将审美文化的触角伸向文化产业领域，但不可做一种简单的移植和嫁接。除了以“日常生活审美化”为理论依据外，还应敏锐体察现实生活中的审美现象，因此在理论分析和案例调研相结合的实验方案下，本书的主要研究方法如下：

1. 分析与综合法。结合文中涉及的美学、艺术学、社会学、经济学、管理学、文化学等诸多学科中对该问题的相关研究成果和学科方法，综合分析影响文化创意产业发展的文化因素，从而探索城市场域中审美化消费对文化产业开启的多维路径。

2. 系统论方法。系统论产生于20世纪三四十年代，奥地利科学家贝塔朗非（L. V. Bertalanfy）是该项理论体系的首倡者。系统论方法是指从系统整体出发，全面分析系统中要素与要素、要素与系统、系统与环境、此系统与彼系统的关系，从而把握内部联系与规律性，达到有效地控制与改造系统的目的。文创产品的发展是一个系统过程，从产品研发、生产制造到终端销售和品牌维护，都是一个完整过程，其中必然涉及整体与局部（要素）、整体与外部环境相互制约的关系。

3. 分类研究法。本书采用分类研究法，细分不同行业文创产品的发展特点；细分不同地域、不同年龄文化消费者的需求动机；细分不同类型文创产品的设计特点和研发路径；细分不同宏观背景下文创产品的品牌研发特点。

4. 实地调研法。本书以实际调研的第一手资料进行实时分析，力求做到研究的准确性。调研法的基本层次和结构，如图1－1所示：

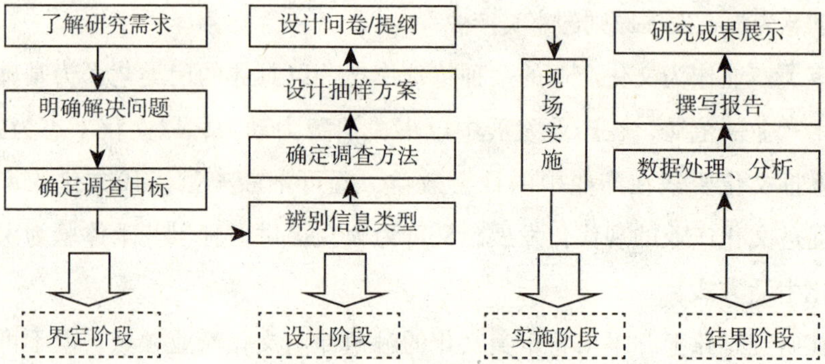

图1-1 调研法的基本层次与结构

在调研法中，本书着重采取抽样调查法，按不同文创产品的行业品类进行分层抽样，尽量避免误差。

5. 本书结合艺术学中的图像学法，创新使用图表模型法。引入菲什拜因-罗森伯格模型对审美需求状况进行综合评估，将定性分析和定量考察相结合；采用SWOT分析法对文创产品相关行业的竞争优势进行综合分析；采用波特钻石模型对影响我国文化消费需求的因素进行系统分析；结合文创产品的形象设计，从设计美学角度进行艺术分析。

第四节 研究现状及创新之处

一、国内外研究现状和趋势

1. 近几年来，随着国内文化产业的迅猛发展，文化产业内部的产业细分愈加明显。业界逐渐出现了以文化产业13个门类（出版、影视、设计、娱乐、体育等）命名的门类产业。随着文艺美学的稳步发展以及艺术学科的独立，侧重发挥艺术创意“审美化”的提法逐渐被学界认可，并成为当前文化产业的新兴研究领域。在当今文化产业的审美化浪潮中，根据不同门类艺术的特点出现了有关电影产业、动画产业、音乐产业等行业的细分，亦出现了与此相关的诸多著作。在影视动漫领域，代表作有金冠军的《电影创意产业》、黄鸣奋的《新媒体与泛动画产业的文化思考》；在设计领域，代表作有李砚祖的《设计研究：设计产业与设计之都》；在民族民间美术方面，代表作有肖丰等人的《民间美术与文化创意产业》；在音乐领域，代表作有居其宏的《朝阳艺术与朝阳产业：音乐剧在中国的命运》、颜建国的《音乐文化产业与执政效能》；在艺术学理论领域，代表作有谢伦灿的《艺术产业运营学》、张冬梅的《艺术产业化的历程反思与理论阐释》等。学者们开始从艺术各门类的独特性中把握文化产业运作和发展的审美规律。基于这种分类趋势，本书“审美化”发展的研究思路正是呼应了当前文化产业的学术研究规律和学科发展特点。

2. 尽管“审美化”的提法逐渐得到学界的认可，但根据中国知网关于文化产业研究的1430多篇论文（截止到2018年）来看，目前在文化产业的发展和运行机制方面进行深入研究的文章还较少，仅仅有几篇论文有所涉及。如叶小虎的《艺术产业运营学策略研究》（中南大学2007年硕士学位论文）、黄晓彦的《山东省艺术产业发展战略研究》（山东大学2007年硕士学位论文）、冯东等人的《基于产业关联的民间文化艺术产业发展战略框架模型研究》、李艳的《创意城市与艺术产业的关系》等论文。同时，根据近5年（截止到2018年）教育部人文社会学科基金（一般项目）的项目来看，与审美有关的文化产业项目共10项，其中2008年2项（设计和动漫领域），2009年5项（电影和设计领域），2010年1项（艺术品经济学），2011年2项（电影和设计领域）。文化和旅游部近5年（截止到2018年）立项的与审美有关的产业项目集中在2010年，共5项，主要在艺术品、演艺、设计和动漫领域。通过目前的研究发现，现有文化产业的审美化研究虽然与综合的文化创意产业有所区别，突出了艺术创意的特别属性，但当前的研究似乎又矫枉过正，从而陷入了另一个误区，即把文化产业的审美现象做孤立研究，缺乏与其他学科，如美学、艺术学、社会学、管理学、经济学的深度沟通和对话。

3. 综合国内现有的研究发现：目前国内的研究论文和课题虽对文化产业的宏观策略做了有益探讨，但文化产业现实发展的复杂性更需要学界从多元化视角进行细化研究、分类研究，尤其是应充分考虑不同学科、不同语境（包括时代、地域、文化政策等背景）下进行交叉研究、细化研究的必要性，如此才可对当前文化产业发展的瓶颈问题“对症下药”，有针对性地去解决。城市空间是文化产业的始发地，因此不应忽视城市文化资本与审美消费的产业关系。而目前以城市文化作为研究背景的文化产业论文不到10篇，直接相关的只有任一的《上海城市化进程中的音乐剧场》（上海音乐学院2003年硕士学位论文）、李晓倩的《城市文化与创意产业互动机制研究》（北京交通大学2011年硕士学位论文）以及2013年周平的《二线城市影视文化消费状况分析》等几篇论文。可见，城市场域中的审美消费研究既是现实发展的要求，也是学术拓展的必要。

国内文化产业的审美化发展较为缓慢，而国外部分国家文化产业的审美化发展可圈可点，如美国的电影产业、英国的创意设计产业、日本的动漫产业、澳大利亚的音乐与表演产业等均走在世界前列。目前国外对文化产业的学术研究主要集中在概念界定、产业特性、创意部门的组织结构、地理区位、发展环境和创意指数等6个方面。如Caves从创意产品的艺术商业化的角度，对文化产业的审美特征做了细致且系统的分析。① 在创意产业的发展环境方面，Yusuf和Nabeshmia认为，创意产业在很多重要方面与制造活动存在差异，影响其发展的首要因素是城市服务和环境。② 理查德·弗罗里达（Richard Florida）认为，车库、仓库、历史建筑、住宅群等这些城市的微观区位，均是梦想和经济创新的肥沃土壤。③

二、创新之处

本书的研究创新之处，主要体现在以下三个方面：

1. 研究视角的创新。

文化产业与城市文化的发展紧密相连，审美化消费是城市文化发展的典型特征。随着城市文化的发展，文化产业的行业细分必然导致审美文化可作为一种新型文化资源，为当今文化产业的发展积蓄能量。同时大众对审美文

① Caves R. *Creative industries*: *Contracts Between Art and Commerce*. Cambridge, Mass: Harvard University Press, 2000.

② Yusuf S, Nabeshima K: Creative Industries in East Asia. *Cities*, 2005, 22 (2): 109 – 122.

③ 参见［美］弗罗里达：《创意经济》，方海萍、魏清江译，中国人民大学出版社，2006。

化的消费又可作为一种产业动力，对文化产业尤其是文创产品的开发产生最直接的推动。文化产业的起源与发展表明，文化产业的产业势能最终离不开文化消费的刺激，因此审美文化的消费是一个不能规避的关键研究视角，而目前学界从该角度对文化产业进行专门研究的较少。此可谓本书的第一个创新之处。

2. 内容创新及特色。

“消费”是经济学领域的核心范畴，又是社会学研究的重点内容。针对当前研究的某些不足，本书在研究中贯穿社会学中文化消费的相关理论，来拓展当前文创产品的品类研究。尤其在理论分析的同时，着重强化个案分析，使研究更具现实参考意义。

3. 研究方法的创新。

本书的研究核心是文创产品的审美化消费，然而从学理上来说，孤立的审美是不存在的，审美总是与艺术相连。因此本书创造性地把艺术学中的图像学法与经济学中的图表分析法结合起来，从艺术学和经济学的双重视角共同对影响文创产品的诸多因素进行视像分析，以使研究更为清晰和生动。

第二章　文创产品消费的审美文化属性

文创产品是文化创意产品的简称，“创意”与“文化”是其区别于一般文化产品的关键属性。文创产品的“创意”属性主要包含了文化创意和科技创新，二者是文创产品创新发展的两翼。在当今全球性的审美化浪潮中，艺术创意成为文化创意的核心，审美成为文创产品的关键文化特质。文创产品的“文化”属性主要体现为对文化要素的高度依赖，尤其是审美文化资源成为决定文创产品能否顺利开发、生产的首要前提。在文化创新的驱动下，文化差异、科技创新、知识产权以及文化体制改革等方面都是文化产业能否壮大的重要因素，也是文创产品审美化消费及其创新发展的关键。

第一节　文创产品释义

文创产品的内涵包括广义和狭义两个层面，前者泛指一切与文创产品有关的有形文化产品和无形的文化服务，后者特指具象的物质文化产品。从文化内容与载体的关系上看，文创产品可分为“载体依附型”和“IP衍生型”；从文化内容分布的领域来看，文创产品可分为博物馆类文创产品、非遗类文创产品、旅游类文创产品、图书馆类文创产品、艺术类文创产品以及综合类文创产品。

一、文创产品的内涵与分类

文创产品是产品的特殊类型，具有一般产品的基本物质属性，能够满足人们在生活或工作中的特定实际需求，具备一定的使用功能；但文创产品又不限于一般产品的基本属性，它蕴含着丰富的文化内涵，具有符号性、象征性等精神文化价值。

广义的文创产品泛指一切源于文化主题，经过创意加工后具有特定文化价值和市场价值的物质化实体和非物质化文化服务的统一。魏鹏举认为，文创产品是文化创意产业中产出的任何制品以及制品的组合，包括文化创意内容和硬件载体两部分。① 胡晓鹏认为，文创产品是“介质”与“信息”的融合；前者是文创产品的载体，如纸质、磁盘等，后者是文创产品的内容，如故事情节或某种思想符号。② 可见，广义的文创产品既包括有形的文化制品，又包括无形的文化服务。

狭义的文创产品是指把特定的文化主题以可视化的形象融于某一产品载体之上，从而使其具有特定的文化内涵和一定的实用功能的物质化实体。如2018年由国家图书馆文津书院发起的“北图杯”文创产品设计大赛的金奖作品《锄立良田·香插》（如图2－1），设计者以“耕耘”为主题，产品的上部以一根燃香与锄头形成的视觉形象为主体造型，产品的下面仿造田间阡陌，形成蜿蜒沟壑的形象。这样，当上面燃掉的香灰散落在下面的沟壑之中时，便形成了乡间泥土的意象，呈现出生机盎然的文化景观。

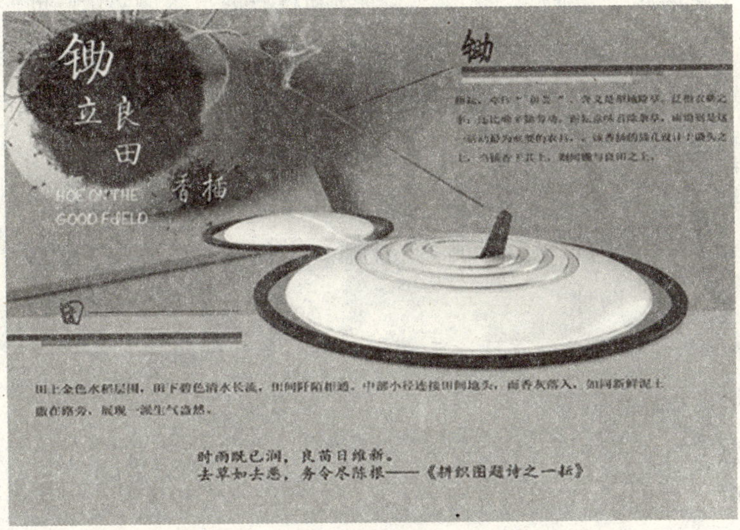

图2－1　作品《锄立良田·香插》，作者：汪旭磊

① 魏鹏举：《文化创意产业导论》，中国人民大学出版社，2010，第87页。
② 胡晓鹏：《创意产品的价值结构与价值开发》，《现代传播》2008年第4期。

文创产品与文化产品相比，二者既有联系又有区别。从文化特性上说，文创产品具备了文化产品的基本特性。英国社会学家霍尔布鲁克（Holbrook）① 从消费者的视角将文化产品的基本特性归纳为三点：其一，无形性（intangibility）。文化产品具有服务的属性，在本质上属于一种无形的文化体验。其二，非分离性（inseparablility）。不同于一般的普通商品，消费者在购买文化产品之前并不能预先试用、全面体验，其使用的过程就是文化体验的过程，文化产品的作品与消费无法分离。其三，异质性（heterogeneity）。文化产品中包含多种多样的文化与艺术经验，即使同一件作品，在不同的消费语境中关于其质量、价值、内涵的认知都会因购买主体的不同而不同。文化产品的以上基本特性与文创产品注重文化内涵的象征性、文化体验的多样性以及文化资源的独特性具有内在的一致性。然而，文创产品与文化产品的主要区别在于：文化产品侧重在实用功能中对文化经典予以复现并传承，而文创产品更注重在传承的基础上对文化经典的重新解读、形象再造以及文化创新。因而，文创产品更注重产品形态的视觉审美、文化符号的独特性以及文化内涵的表征性，它以艺术创新和科技创造体现文化原创性，从而把产品功能寓于文化内涵之中，体现文化意义的独特价值。正如有学者所言，“文化创意产品一般是以文化、创意理念为核心，是人的知识、智慧和灵感在特定行业的物化表现”②。

依据不同的分类条件和标准，文创产品会呈现出不同的类型和特点。

（一）从文化内容与载体的关系上看，文创产品可分为“载体依附型”和“IP 衍生型”两种。

“载体依附型”文创产品注重文化内容与其载体的紧密结合，且文化内容对某种产品载体高度依赖，脱离此种产品载体后文化内涵便无法有效呈现，文化主题也无法完全凸显，且该类文化内容无法再次与其他载体相结合。如以江西景德镇陶瓷为载体的一系列文创产品。此类文创产品注重的是载体本身的特殊性，而文化主题是整个文创产品文化意义的助燃剂。

① Holbrook MB，Hirschman EC. The Experiential Aspects of Consumption：Consumer Fantasies，Feelings，and Fun［J］. *Journal of Consumer Research*，1982，9（2）：132 – 140.

② 韩骏伟、胡晓明：《文化产业概论》，中山大学出版社，2009，第 11 页。

“IP 衍生型”文创产品注重的是文化内容的独特性。“IP”是指知识产权（Intellectual Property），“是一个指称‘心智创造’的法律术语，包括音乐、文学和其他艺术作品，发现与发明，以及一切倾注了作者心智的语词、短语、符号和设计等被法律赋予独享权利的‘知识产权’”①。“IP 衍生型”的文创产品，即把有特色的文化元素进行提炼、创意加工，根据不同的载体予以不同方式的呈现，从而产生不同的产品造型。“IP 衍生型”文创产品通常以某一固定的文化主题进行多样化开发，产品的载体也不限于一种，是典型的“一鱼多吃”型的开发方式。此种文创产品注重对独特文化资源的保护，在此基础上对文化 IP 进行挖掘，是针对特色文化内容的一种开发式传承。如故宫博物院开发的“虎虎生威”文创产品，是以故宫珍藏的明代《红地奔虎五毒纹妆花纱裱片》（如图 2－2）为 IP 原型，经过设计者的创意开发后，生成了虎虎生威便笺纸和虎虎生威文件袋两款文创产品（如图 2－3、图 2－4）。

图 2－2　IP 原型：明代《红地奔虎五毒纹妆花纱裱片》

图 2－3　故宫文创：虎虎生威便笺纸

图 2－4　故宫文创：虎虎生威文件袋

（注：图片来源于故宫博物院文创旗舰店）

---

① 陈琼：《文化 IP：在无形资产中创造文化价值》，中国电影出版社，2017，第 2 页。

（二）从文化内容分布的领域来看，文创产品可分为博物馆类文创产品、非遗类文创产品、旅游类文创产品、图书馆类文创产品、艺术类文创产品以及综合类文创产品。

博物馆类文创产品是目前国内外文创产品开发的主要领域，该类文创产品主要围绕博物馆中的相关藏品进行产品再开发，其产品线可以是单一品类，也可以是系列产品。如英国大英博物馆、美国大都会艺术博物馆等开发的不同艺术风格的文创产品。非遗类文创产品旨在以文创产品的形式再现并传承的人类非物质文化遗产，以此达到以经济效应促进文化传承的目的。目前非遗类文创产品主要涉及民俗文化和民间艺术类，如漆艺文创产品、纸雕文创产品、刺绣文创产品等。旅游类文创产品是随着旅游业的发展而逐渐成熟的一种文化产品，属于旅游纪念品的一种，旨在围绕地方文化特色进行创意设计，形成集文化特色和审美效果于一体的纪念性文创产品。图书馆类文创产品主要围绕与学习和阅读有关的文化行为而设计的一系列文创产品，如办公用品、儿童图书、带有图书元素的珠宝饰品以及家居生活用品等。如美国纽约市公共图书馆（New York Public Library）开发的大理石狮挡书板和书本形态的 Lumio 书灯颇受欢迎。

艺术类文创产品是直接与五大艺术门类有关的文创产品，包括动漫类文创产品、影视类文创产品、美术类文创产品、曲艺类文创产品以及音乐舞蹈类文创产品。目前，动漫、影视和美术类文创产品在国内外文创产品中占据主流，无论是设计方法、载体形式以及产品种类都丰富多样。如日本的动漫衍生品、美国好莱坞电影开发的一系列文创茶产品，以及欧洲多个国家开发的油画类文创产品等。曲艺类文创产品主要分布在国内戏曲和杂耍领域，如秦腔文创产品、泰宁梅林戏文创产品、苏州昆曲文创产品以及台湾的布袋戏木偶表演文创产品等。音乐舞蹈类文创产品融艺术体验和产品观感于一体，目前主要以非物质化的文化服务为体现形式，强调在艺术欣赏的基础上体会文化的独特魅力，而实体型的产品形态目前尚不多见。综合类的文创产品包含了人们吃、穿、住、用、行等生活的方方面面，全面体现了生活美学的普世意义。如茶文化文创产品、服装类文创产品以及各种家居设计类文创产品。

可见，无论从其内涵还是分类上看，一件创意成功的文创产品既可以在一定程度上满足人们生活中的实际需求，又可以在产品的艺术特色中体验到美学的魅力及其丰厚的文化底蕴。因而，文创产品是实用价值和精神价值的统一。

二、文创产品中的艺术衍生品

艺术衍生品是文创产品的特殊类型，是随着近些年文化创意产业的迅猛发展而出现的一种新事物。衍生品（Derivatives）意为从原生事物中派生出来的物品，最初以化学衍生品和金融衍生品最为普遍。顾名思义，艺术衍生品是指从原创艺术品中派生出来，经艺术家授权、商家开发出来的艺术产品。作为原创艺术品的“产儿”，艺术衍生品继承了原作的特色艺术元素与符号，以创意设计的手法将符号价值寓于新的载体——工业产品之中，形成了兼具美感与实用性的特殊艺术产品。如以齐白石的画作《雀跃樱桃》创意设计的抱枕、餐盘（如图2-5），毕加索授权公司开发的毕加索图像日用品（如图2-6）等。

图2-5　齐白石授权艺术衍生品

图2-6　毕加索马戏脸谱时尚茶具

艺术衍生品具有以下几个特征：

首先，就观赏性来说，艺术衍生品以原创作品的艺术形象为依托，结合新载体的材料、质地和形制特点，注重产品的图像式描述和美学表达，形成了具有一定艺术附加值的日常生活用品，此可谓“日常生活审美化”的物化之道。费瑟斯通痴迷于当代都市生活的审美解读，认为“消费社会决不能仅仅视为释放着某种一统天下的物质主义，因为它同样向人们展示述说着欲望的梦幻图像，将现实审美化又去现实化。波德里亚和詹姆逊正是抓住这一方面，强调了图像在消费社会中担当的新中心角色，从而使文化有了史无前例的重要性”①。艺术衍生品承接原作的艺术图像，融入、铺陈并修饰日常生活，“将现实审美化又去现实化”，以艺术化的方式抹去日常生活的平庸与乏味，映出生活中的惬意与趣味。

其次，实用性。与纯粹艺术作品不同，艺术衍生品虽以观赏性为要义，但绝不附丽于形象的外在之美，在或简或繁的艺术形式中最终导向艺术的功能，沉淀于器具的物性来还原生活的本质。实用主义美学家杜威直言，“艺术产生于需要、匮乏、损失和不完备”②。“一个真正的美感对象并不是完全圆满终结的，而是还能够产生后果的。如果一个圆满终结的对象不也是具有工具作用的，它不久就会变成枯燥无味的灰尘末屑。伟大艺术所具有的这种‘永垂不朽’的性质就是它所具有的这种不断刷新的工具作用，以便进一步产生圆满终结的经验”③。实用的艺术衍生品以世俗的方式颠覆了传承的艺术功能论，以实实在在的工具性满足了现实需要。

再次，艺术衍生品具有可复制性。艺术衍生品脱胎于原作，附着于工业产品，是可以被复制、开发的艺术产品。“衍生”实现的是“复制”的技术之美。但是，艺术衍生品不同于艺术复制品。《中国大百科全书·美术Ⅰ卷》认为，艺术复制品是“以美术品原作为依据，进行科学的复原制作”。换言之，艺术复制品是对原作的逼真复原，追求高度的相似性。在复制时，其内容、形式（色彩、线条、纹饰等）以及原作的残损和污痕处等都要忠实于原作，不能有主观臆造。艺术衍生品虽然也是复制，但并不拘泥于一一的拷贝，而是在新的载体上择取原作的典型符号进行艺术再加工。所以，艺术衍生品更具创造性、独立性，是一个二度创作的过程。

最后，商业性是艺术衍生品的现代属性。艺术衍生品是现代社会下艺术与商品经济的产物。如果说艺术性是纯粹艺术品和艺术衍生品共有的基本属性（或称传统属性），那么商业性可称为艺术衍生品的现代属性。当代商业

① Mike Featherstone, *Consumer Culture and Postmodernism* (London: Sage Publications, 1991), p. 68.

② ［美］杜威：《经验与自然》，傅统先译，江苏教育出版，2005，第226页。

③ ［美］杜威：《经验与自然》，傅统先译，江苏教育出版，2005，第233页。

向艺术领域的渗透，促使艺术市场迅速成熟，并催生出新的艺术商品类型——艺术衍生品。艺术衍生品是艺术家与企业家合作的产物，它直接产生于商业的需要，以商业目的为旨归。商业性是艺术衍生品区别于传统艺术品的重要特征。传统艺术品遵循古典美的基本法则，尽管也会流通于艺术市场，但其重视的是作品的艺术之美而非商业之用。而艺术衍生品的价值更在于商业因素介入后产生的新价值——文化附加值。

艺术衍生品的文化附加值是文化资源的商业升华，其价值的实现离不开艺术授权。任何艺术衍生品必须首先经过艺术创作者的授权，获得“商业签证”之后，才可进行产业开发。2009 年，国际授权业协会（LIMA）依据授权的素材来源，将授权产业分为五类：企业品牌类、卡通娱乐类、时尚类、运动类和艺术类。其中，艺术授权产业属于艺术类的授权，指通过开发艺术原创作者的著作权而衍生财产价值的文化产业。国际通行的艺术授权形式主要分为原作复制授权、产品授权和数字授权三种。原作复制授权是指获得对原创艺术品进行原尺寸仿真、复制并销售的权利，一般采取限量版的形式发行艺术衍生品。产品授权是指获得原创艺术品艺术形象的权利。获得授权的单位或个人可将艺术形象印制在产品上，使之成为具有艺术特色的衍生品，以艺术附加值获得高经济利润。数字授权则是指通过拍摄艺术原作获得艺术品的数字化图片或形象数据版权，并将这些图片应用于各种电子产品之上，以装饰或展示各种电子媒体。

经过不同艺术授权形式开发的艺术衍生品具有多种产品表现形态，如限量发行的明信片、艺术名家授权的日用品，以及备受新生代消费群体推崇的 E 时代艺术化电子产品等。依据艺术授权开发的目的，艺术衍生品通常分为两类：营利性的艺术衍生品和非营利性的艺术衍生品。营利性的艺术衍生品主要由商业性画廊或美术馆开发，北京阿特塞帝画廊、伊比利亚当代艺术中心、上海的证大艺术超市、深圳 22 艺术区等艺术机构都以艺术衍生品为重要经营项目。非营利性的艺术衍生品主要由博物馆、美术馆等非营利性机构开发，这些机构将艺术衍生品在其附属的艺术商店里进行销售，所得利润主要为社会大众提供教育、公共文化服务以及相关学术研究。随着文化产业的现代化发展，艺术衍生品已成为当今文创产品的重要组成部分。

第二节　文创产品消费的审美化背景

当前文化产业在城市境域中的全面展开主要体现为审美文化对文创产品的深度影响。这不仅体现为“审美化”思潮对城市空间的装点，更体现为审美消费对城市文化的全面渗透。在此背景下，工业开始向审美转型，文创产品的审美属性更加突出，经济与社会的审美化倾向愈来愈明显，而这正预示着一种新的商业文明的产生。

一、审美化

“审美化”是20世纪遍布美学、经济学、社会学、文化学等多个领域的共同学术命题，其核心论断是“日常生活审美化”，进而又分化为“经济审美化”“社会审美化”和“全球审美化”三个论题。

“日常生活审美化”（The Aestheticization of Everyday Life）的论题以英国文化学家迈克·费瑟斯通（M. Featherstone）和美国文化批评家弗雷德里克·詹姆逊（Fredric Jameson）为代表。1988年4月，费瑟斯通在新奥尔良“大众文化协会大会”上做了题为“日常生活审美化”的演讲，认为在审美化浪潮席卷的现代都市中，艺术与生活之间的距离已消失，艺术变成了生活，而生活正成为一种新的艺术，此谓“日常生活的审美化”。费瑟斯通在其论集《消费文化与后现代主义》（1991年）中进一步指出，日常生活审美化的理论起源于后现代主义和消费文化。费瑟斯通认为，在后现代主义畅行其下的都市社会，艺术与生活、高雅文化与大众文化之间的界限已不复存在。在这种被弥平的感观世界中，当代城市呈现的不仅仅是形形色色的后现代建筑景观，还有风格标新立异的城市规划。费瑟斯通的“日常生活审美化”理论主要包括了三个层面的意思：其一，后现代艺术对艺术与生活界限的消解。如达达主义、历史先锋派和超现实主义艺术对现成品艺术的挪用。其二，将生活转化为艺术作品。如波德莱尔、福柯等对新生活的美学实验。其三，消费文化影响之下实在与影像之间差别的消失。费瑟斯通的这种后现代性在詹姆逊这里体现为“真实与意象边界的消失”“符号与商品的水乳交融”，是一种时间的破碎和历史的沉沦。詹姆逊在其文章《晚期资本主义的文化逻辑》中用了诸多与此相关的语汇来描述后现代文化的商品逻辑，认为在经济规律的统辖之下，当代艺术已取得了巨大的商业成功，美感的生产也已经完全被吸纳在商品生产的总体过程之中。①

英国社会学家斯图亚特·霍尔（Stuart Hall）和美国经济学家施密特（Bemd Schmitt）将“日常生活审美化”的命题延伸到经济领域，提出了与商品生产、产品开发管理有关的“经济审美化”战略。其中，承接费瑟斯通的“日常生活审美化”理论，霍尔指出：“通过设计、技术以及风格化，‘美学’已经渗透到现代生产的世界，通过市场营销、设计以及风格，‘图像’提供了对于躯体的再现模式与虚构叙事模式，绝大多数的现代消费都建立在这个躯体上。现代文化在实践和生产方式方面都具有坚实的物质性。商品与技术的物质世界具有深广的文化属性。”② 可见，霍尔已把图像视为一种新的商品美学，商品在此基础上也具有了新的文化属性。与霍尔观点相近的是，美国商学院的施密特（Bemd Schmitt）和西蒙森（Alex Simonson）两位教授认为：“实际上所有的营销活动都涉及美学，比如新产品的开发和计划、品牌管理、产品分类管理、服务管理、广告和促销、包装、交互式媒体传播，以及公共关系等。”③ 显然，施密特和西蒙森的“经济审美化”已拓展到产品产业链的每一个环节，并且在产品的管理过程中起着举足轻重的作用。

“社会审美化”论题是“日常生活审美化”理论上升到社会层面体现出来的一种文化思想。2000 年，法国社会学家弗恩特（Eduardo de Fuente）在其《社会学与美学》的一篇文章中指出，一场空前浩大而深刻的审美化思潮正在影响着西方社会，审美化不仅体现在经济领域，也将在社会领域产生重要的思想变革；当代社会的形式越来越像一件艺术品，审美化正成为当代西

---

① ［美］弗雷德里克·詹姆逊：《晚期资本主义的文化逻辑》，张旭东编，陈清侨等译，三联书店、牛津大学出版社，1997，第 429 页。

② 注：霍尔的该观点由法国社会学家弗恩特转述。Eduardo，de la Fuente. Sociology and Aesthetics. *Euro pean Journal of Social Theory*，2000，3（2）：235－247.

③ ［美］施密特，西蒙森著：《视觉与感受——营销美学》，曾嵘等译，上海交通大学出版社，1999，第 22 页。

方社会重要的组织原则。① 在此，弗恩特看到了艺术对当代社会的全面影响，这不仅体现在视觉化的城市景观上，更体现在社会文化深层影响着当代人的思想状态。对此，法国社会学家奥利维耶·阿苏利（Olivier Assouly）认为，"艺术之所以不同于工业，是因为在这里消费欲望更加人性化了。文明的进步包含经济与社会的审美化。一方面，需求变得更人为，经济从艺术性的生产方式和社会化中得到灵感，进而生产并出售产品。……另一方面，这种审美化不是一种简单的对经济所体验过的世界的征服，而是更深层地对社会伦理的更大进步的表达"②。显然，"社会审美化"已使"日常生活审美化"的论题由现象层面上升到思想文化层面，成为一种深度的思想变革。

"日常生活审美化"在法国后现代理论家让·鲍德里亚（Jean Baudrillard）和德国美学家沃尔夫冈·韦尔施（Wolfgang Welsch）这里被称为是一种"全球审美化"（Global Aestheticization）。鲍德里亚在研究后现代文化时提出了"超美学"的概念，意指"美学已经渗透到了经济、政治、文化以及日常生活当中，因而丧失其自主性和特殊性。艺术形式已经扩散渗透到了一切商品和客体之中，以至于从现在起所有的东西都成了一种美学符号"③。韦尔施从美学建构的视角重新审视了日常生活审美化的命题，指出："毫无疑问，当前我们正经历着一场美学的勃兴，它从个人风格、都市规划和经济一直延伸到理论。现实中，越来越多的要素正在披上美学的外衣，现实作为一个整体，也愈益被我们视为一种美学的建构。"④ 据此，韦尔施得出："审美化已经成为一个全球性的首要策略。"⑤

除了上述英、美、德、法国家的学者在文化学、社会学、美学等领域的审美化论述，我国学者也已注意到"审美化"对经济发展的重要影响。

---

① de la Fuente, Eduardo. Sociology and Aesthetics. *European Journal of Social Theory*, 2000, 3 (2).

② ［法］奥利维耶·阿苏利：《审美资本主义》，黄琰译，华东师范大学出版社，2013，第78－79页。

③ ［美］道格拉斯·凯尔纳，斯蒂文·贝斯特：《后现代理论——批判性的质疑》（第2版），张志斌译，中央编译出版社，2006，第155页。

④ ［德］沃尔夫冈·韦尔施：《重构美学》，陆杨、张岩冰译，上海译文出版社，2002，第4页。

⑤ ［德］沃尔夫冈·韦尔施：《重构美学》，陆杨、张岩冰译，上海译文出版社，2002，第110页。

台湾版《商业周刊》曾刊文，将此称为“‘美力’的时代”，明确“美，是一种竞争力，当竞争力迸发时，反映在企业面，是惊人的产值与财富；反映在个人，则是倍增的职场竞争力。这是一个‘美力’的时代。”① 自2005年开始，《光明日报》也连续发表多篇论文，阐释经济与审美的深度关联，并提出了“大审美经济”的说法，认为“基于实用的大审美价值链的创造，正成为全球范围内一种新的经济运行的主动力。”②

二、文创产品的审美属性

当前，“审美化”是遍及全球的审美化，审美在各个领域中的地位越来越突出。“全球审美化”是“经济审美化”与“社会审美化”的统一，文化产业在广度和深度上都得到了相应的拓展和深化。在文创产品中，经济的审美化体现为对商品美学的追求，如文创产品本身的形式美、文创品牌中的美学精神、文创企业的美学管理等；社会的审美化体现为文创产品设计者对产品创意的精英美学立场、文创产品传播者对产品文化内涵的人文关怀以及产品受众对商品的审美体验。现择取文创产品的两个关键方面，产品要素和受众方面予以说明。

（一）文创产品的经济审美属性

20世纪90年代初，摩托罗拉推出了一款绿色外壳的新版寻呼机，这款带有鲜亮绿色外壳的寻呼机显然震惊了设计界！与老款寻呼机那沉闷的黑色相比，新款寻呼机的绿色更具有时尚感，也更能代表青春、生机与活力。如此与众不同的设计也使消费者更愿意为这种新型产品支付溢价。摩托罗拉寻呼机的负责人说：“像玩具水枪那样的绿色塑料，实际上没增加什么成本，却可以让我们每个寻呼机的价格上涨15美元。”几十年后，苹果公司的首席设计师乔纳森开始在产品外观上探索新的商品美学。乔纳森花了一个多月的时间去糖果厂研究色彩，终于设计出了拥有透亮外壳的iMac。奉行极简主义的乔纳森，把接近白色的月光灰引入苹果产品的外观设计，从而改变了传统

---

① 杨丽菁，贺先蕙：《美力时代》，台湾版《商业周刊》2005年3月14日，第68页。
② 张宇，张坤：《大审美经济正悄然崛起》，《光明日报》2005年5月10日B2版。

电子商品黑色一统天下的局面。此外，在iPad外观的改进设计中，乔纳森专程赴日本研究铸剑法，从而使iPad 2比前一代产品薄了1/3，产品造型更加轻巧便携。

显然，在眼球经济时代，当代商品社会对美的追求首先基于产品独特的形式美要素，比如产品的色彩、产品的流线型设计等。对此，当时的许多评论家视其为一种感官的欺骗和美学的诱惑，如法兰克福学派霍克海默和阿多诺在1944年发表的一篇文章中认为，在这种新的美学逻辑中，生产者能决定消费者购买什么；产品美学的形式之美，操纵并控制着商品衍生的各种需求，并致其无限循环。① 然而，城市文化消费下，随着商品美学在商界和学术界的不断深入，越来越多的评论家看到了商品形式美的独特魅力。如美国当代文化批评家弗吉尼亚·波斯特莱尔认为，“形式自身具有力量和价值，但它不一定会凌驾于内容之上。美学不是一种心理超级武器，不能使我们忽略了其他的价值准则”②。波斯特莱尔把商品的审美乐趣与道德美德区别开来，以一种相对客观的立场论述道：“将毫无意义的东西用漂亮的外表包装起来并没有危害，但包装邪恶的东西则完全不同。……表象可能具有意义，但是它也有自身的价值。”③ 推而论之，在文创产品的创意设计中，产品的形式之美便具有了独立于产品功能之外的独特的审美价值，文创品牌的品牌内涵中也会嵌入美学精神，文创企业的管理中也会加入美学的管理方法。更确切地说，文创产品的商业美学是一种基于产品审美属性的经济附加值，这是“经济审美化”在文创产品中最直接的体现。

（二）文创产品的社会审美属性

如果说“经济审美化”在文创产品中主要体现为一种基于审美的经济附加值，那么“社会审美化”在文创产品中则升华为一种审美理念，审美便不再限于视觉层面的感官盛宴，更是一种植于人们内心深处的情感需求和审美

① Theodor Wiesengrund Adorno, M. Max Horkheimer: *The Culture Industry*: *Enlightenment as Mass Deception*. See Juliet B. Schor, *The Consumer Society Reade* (New York: The New Press, 2000), pp. 4 –5.

② ［美］弗吉尼亚·波斯特莱尔：《美学的经济2：美国社会变迁的32个微型观察》，马林梅译，中信出版社，2013，第114页。

③ ［美］弗吉尼亚·波斯特莱尔：《美学的经济2：美国社会变迁的32个微型观察》，马林梅译，中信出版社，2013，第115页。

体验。这种审美理念体现为产品创作者对美的标准更加苛刻与精益求精，体现为产品传播者深度的人文关怀以及产品受众的审美体验。

在台湾，一度被美国《商业周刊》誉为“台湾苹果计算机”的明基电脑（BenQ）的设计总监王千睿，就主张把古希腊的人体美学引进笔记本电脑的外观设计中，以期探索在面板设计中如玉的触感。这种在产品创作阶段就预先把消费者的审美体验加入进来的方法受到了业界的一致认可。在体验经济时代，产品的创作者们早已觉察到了情绪、情感等非理性的无形力量，进而强调一种美学氛围。德国当代美学家吉尔诺特·伯梅（Gernot Bohme）曾以“气氛美学”推进“日常生活审美化”的理论建构，认为从现实生活到美学理论，感性正在由下而上地发挥着越来越重要的作用。不同于鲍姆嘉通仅仅限定在美学领域中的“感性”，伯梅认为这种感性已遍及美学的各个领域，如艺术品美学领域、日常生活美学领域、商品美学领域和政治美学领域，因此可视为“一般感性”（General Perception）①。伯梅的“一般感性学”凝聚为一个核心词汇——“气氛”，他认为：“气氛是感知者与被感知对象的共同现实。它是被感知对象作为其在场之场域的现实，同时也是感知者的现实，只要她或他以一种特定的身体性在场的方式感受到这种气氛。”②可见，在气氛美学中，主体与客体已形成了情感共鸣，达到了水乳交融、物我两忘的境地。

伯梅的气氛美学在现实中体现为商家对美学环境的大力营造，力图为消费者塑造一种“身临其境”的感觉。如迪斯尼乐园中的5D电影，全面调动起人的视觉、听觉、嗅觉、味觉和触觉，形成了五感联动一体的仿真体验。又如星巴克咖啡馆里精心布置的静谧色调，融着浓浓的咖啡香味以及舒缓的背景音乐，让人身心都得到放松，形成了一种特有的美学氛围。另在美国洛杉矶的比弗利中心（Beverly Center），商家除了根据所售商品的特点设计相应的室内装饰外，还专门设置观景台和休息区，融旅游观光、休息、购物于一体，给消费者带来了美好的购物体验。

---

① Gernot Böhme，Atmosphäre：Essays zur neuen Ästhetik. Frankfurt am Main，1995，S. 47 – 48.

② Gernot Böhme，Atmosphäre：Essays zur neuen Ästhetik. Frankfurt am Main，1995，S. 34.

基于此，文创产品的审美属性，不仅是基于美学效应的经济利益，更是一种上升到对美的本质、审美理念、美学精神等当代美学命题的重新理解。波斯特莱尔就把美学视为一种用感觉沟通的方式，指出："美学是我们通过感觉进行沟通的方式，它不是语言，而是通过人、地点和事物的外观与感觉创造反应的艺术。"① 由此看来，文创产品的审美化发展，是随着经济和人类审美意识的发展不断深化、不断更新的过程。尽管文创产品的审美化发展将会基于美学效应形成一条产业链，但它将会一直处于一种未完成的状态之中，在文化资源的开发、文创产品设计、文创产品销售、文创产品品牌培育以及文创企业管理等一系列过程中不断壮大、成熟、完善。文创产业的审美化发展将永远是一种进行时，而不会止于一种结果。

第三节　文创产品消费的文化要素

当代著名文化创意产业研究专家贾斯廷·奥康纳在谈到如何理解文化产业时提到，"文化产业所经营的主要是符号性产品和服务，文化产品或服务的基本价值源于它所包含的文化资源价值"②。在文化创意产业的双重价值属性中，处于显性状态的经济价值是其基本价值，而处于隐性状态的文化价值则是其根源价值。可以说，文化要素是整个创意产业的价值源泉，在价值的形成过程中，文化形成文化价值，同时也最终转化为经济价值。

一、文化要素的基本内容

西方文化创意产业历来非常重视文化的作用，形成了如文化资本、文化竞争力、文化软实力等相关的术语和理论体系。

文化资本的理论最早由法国社会学家布尔迪厄（Bourdieu，P.）提出。1989 年，在《资本的形式》这篇论文中，布尔迪厄根据他的场域理论，

---

① ［美］弗吉尼亚·波斯特莱尔：《美学的经济 2：美国社会变迁的 32 个微型观察》，马林梅译，中信出版社，2013，第 7 页。

② 吕庆华：《文化资源的产业开发》，经济日报出版社，2006，第 19 页。

认为资本可以表现为三种基本的类型：（1）经济资本。这种资本包括物质资本、自然资本、金融资本等，它们可以直接转换成金钱，并以财产权的形式被制度化。（2）文化资本。这种资本在某些条件下能转换成经济资本，它是以教育资格的形式被制度化的。（3）社会资本。它是以社会义务组成的，这种资本在一定条件下也可以转换成经济资本，常以某种高贵头衔的形式被制度化。布尔迪厄把文化资本又分三种形式：具体的形式，即以精神或肉体的持久“性情”的形式存在；客观的形式，即以文化产品的形式如图片、书、辞典、乐器、机器等存在；体制的形式，即以一种客观的、必须加以区别对待的形式存在。布尔迪厄认为：“任何特定的文化能力（如在文盲世界中能够识字的能力）都会依靠它在文化资本的分布中所在的位置，获得一种超常的价值，并给它的拥有者带来可见的利益。”①

继布尔迪厄之后，文化资本的术语被许多学者采用，并加以阐释。如罗纳德·弗莱尔建立了文化资本的经济模型；克利斯朵夫·克拉格从发展经济学的演进中理解文化资本；约翰·霍尔从社会等级地位、性别和种族等角度对文化资本做了重新定位。值得一提的是，2004 年澳大利亚学者戴维·思罗斯比（David Throsby）继承了布尔迪厄的社会学理念，把文化资本的概念引入文化产业领域，阐述了文化资本的经济学用途。戴维·思罗斯比认为，文化资本是继物质资本、人力资本、自然资本之后的第四种资本，是文化产业承继和发展的源头。“正如在人类的行为和信念体系中所发挥的那样，文化能够表达团体或作为人类组成部分的集体的行为。因此，从广义上讲，那些形成人类生活共同要素的东西都可以说具有文化价值。举个例子来说，小说或者诗歌可以表达某些读者已经认识或与此相关的生活场景。一幢继承下来的（古老的）建筑也许正体现了那些隐藏于这一时期的社区或社会之后的历史或传统；一种共同的语言提供了一种文化得以展示和延续的途径；所有的这些例子都说明了‘文化载体’的概念是随着‘文化价值’的概念而出现的。”②

① 薛晓源、曹荣湘：《全球化与文化资本》，社会科学文献出版社，2005，第 10 页。
② 薛晓源、曹荣湘：《全球化与文化资本》，社会科学文献出版社，2005，第 553 页。

在文化创意产业中，文化的重要性还直接体现为西方学者对文化竞争力的一系列表述，具体表现在企业文化领域。20 世纪 70 年代末，美国企业界和管理学界围绕“为什么日本的生产率超过了美国”这一问题进行了诸多分析和研究。之后，学者们把“企业文化”和“核心竞争力”结合起来，明确使用“文化竞争力”这一概念来研究企业文化在提高生产率以及组织管理方面的作用。如 1981 年，威廉·大内（William Ouchi）在《Z 理论——美国企业界怎样迎接日本的挑战》中提出，美国企业是金字塔形的“A 型组织”，而大多数日本企业是“Z 型组织”。“Z 型组织”包含了平等互信、氏族文化等 6 个方面，日本企业据此塑造了自己的企业文化。企业文化是日本企业竞争力的主要来源，而日本独特的企业文化又植根于日本的民族文化（氏族文化）。此外，在企业管理中，文化也是企业管理思想的源泉。美国管理学家雷恩从现代管理学的角度概括了中国古典《论语》《孙子兵法》中的管理文化资源，并指出：“管理思想不是在没有文化的真空中发展起来的，管理人员往往会发现，他们的工作总是受到当前文化的影响。要研究现代的管理，就必须研究过去，以便了解我们社会的遗产是如何建立起来的。”① 2004 年，Martin Marquard 等人发表《绩效改进一体化：通过流程、技术与文化管理企业的变革》一文，提出流程、技术与文化是影响企业变革的主要因素，并集中论述了“绩效文化”的概念，阐述了文化对企业绩效的影响。

与文化竞争力语意相关的是文化软实力。“软实力”（soft power）又译作“软力量”，是与“硬实力”（hard power）相对而言的。这一概念最早由约瑟夫·奈（Joseph. S. Ney）在 20 世纪 80 年代提出。在 1990 年出版的《美国定能领导世界吗》一书中，约瑟夫·奈对这两个概念做了最基本的区分：“硬实力”主要是指经济、军事实力，它是一种“命令式的实力运用”，主要靠诱惑（“胡萝卜”）或者威胁（“大棒”）发挥作用；“软实力”主要是指文化和意识形态的力量，它是一种“同化式实力”，主要靠思想吸引力或某种机制构成的框架性力量。在约瑟夫·奈的文化软实力的结构中，“思想/

---

① ［美］雷恩：《管理思想的演变》，孙令济译，中国社会科学出版社，2000，第 5 页。

意识感召力”（价值观）是核心层；“政策影响力”（国内与国外）、“框架（机构体制）约束力”和“跨国公司控制力”是中间层；“文化吸引力”是通过精英文化和大众文化产生持久的影响力和吸引力，它是最外层。

通过西方学者对文化的论述可以看出，文化在创意产业中起着非常重要的作用。文化是创意产业最基本的构成要素，是文化创意产业区别于农业、工业等其他产业的根本所在。文化是创意产业发展的“原材料”，是文化产品和文化服务的精神支柱，是创意的来源。没有文化要素的支撑，或者缺乏文化含量，文化创意产业就不再具有“创意”，因此就不再具有文化价值和经济价值。中国创意产业界讲“文化资源”的重要性，就是看到了文化作为一种资源要素，具有潜在的能源价值。当然，文化资源仅仅是文化的要素，文化生产还未开始。由文化资源转化为经济价值还需要经过一个复杂的过程。

西方以“文化资本”“文化软实力”“文化竞争力”来论述文化在创意产业发展中的重要性，揭示了从文化要素—文化价值—经济价值的创意价值实现过程。在此，文化既是创意产业的基本要素，又是实现创意价值的思想源泉。在文化价值的三个维度中，文化资本强调了文化直接转化为经济价值的可能性，文化竞争力体现了企业文化在市场竞争中的生存力，文化软实力体现了文化在国家战略上的政治经济学意义。文化要素本身并不具有价值性，只有经过产业化的过程，文化才能由原生态的文化资源衍生出文化价值，进而通过市场流通和交换，转换为经济价值。当然，经济价值是针对生产者而言的，对于消费者来说，文化产品带给他们的是双重的价值——实用价值和精神价值。

在文化的外延中，民族文化、企业文化和大众文化分别从文化背景、具体领域和社会阶层三个方面体现着文化的不同特性。民族文化体现了不同国家和民族的文化差异性、文化特色。文化的差异性意味着文化具有不同的特色，具有稀缺性及不可复制性，这正是创意产业发展所需要的文化资源。创意产业是一种强调创新性的产业类型，因此，并不是所有的文化都可成为其创作和生产的文化资源。只有具备一定的文化特色，能被开发利用、并能为人们所接受的文化才有可能成为创意的来源。企业文化是文化在具体的领域——企业中的体现，是由价值观、信念、仪式、符号、处事方式等组成的企业特有的文化形象。企业文化体现了文化对产品生产、企业形象的重要性。在创意产业中，文化产品和文化服务是由文化创意企业来实现的，与其他实体产业的企业相比，企业文化对以轻资产为主的文化创意企业更为重要。企业文化直接决定了文化创意企业的文化产品和服务的文化含量、质量，从而对文化产品的象征价值、品位、身份等精神价值具有重要影响。大众文化体现了文化对普通社会阶层的文化辐射力和普遍影响力，也因此使文化具有了更为广阔的受众。在商品经济的环境中，在机械复制技术、信息技术的影响下，大众文化获得了空前的传播速度，文化消费成为现实，文化产品甚至成了文化商品。现代技术对大众文化的嵌入，使得科技创新成为推动文化创意产业的另一力量。由此，在文化要素中，文化创意与科技创新共同构成了创意产业腾飞的两翼。

二、文化资源的理论阐释

与西方学者强调文化的重要性一样，我国学者也非常重视文化在文化创意产业中的重要作用，把文化视为创意产业发展的基础要素，即文化资源。文化资源的多寡、文化资源的开发和利用程度、文化资源的转化能力都是影响一个国家创意产业发展水平的因素之一。就文化资源的定义来说，学界目前存在三种观点。

第一种观点是将文化资源定义为广义的文化资源，包括非物质以及能够转化为非物质资源的可利用资源。“文化资源就是人们从事文化生产或文化活动所利用或可资利用的各种资源。它包括一切有文化价值的自然资源和社会资源。文化自然资源是指自然界存在的，可作为文化生产的原材料和物质文化生产所必需的环境条件。……文化社会资源主要指人类在社会上通过种种劳动所获得的种种能力和习惯等，它包括社会、经济、技术诸因素中可用于文化生产和文化生活的种种方面，主要显现在教育、科学、文艺、道德、法律、风俗、信仰等方面。”①

① 高毓秀、曹娟：《对文化资源的认识和思考》，《发展研究》1999年第3期。

第二种观点将文化资源定义为狭义的文化资源，强调文化资源的精神性、非物质性。“文化资源指的是人类生存发展需要的、以一切文化产品和精神现象为指向的精神要素。和自然资源一样，文化资源也是人类生存发展需要的重要资源。文化资源具有无形、传承性、稳定、共享性、持久性、效能最大性、递增性等特征。”①

第三种观点从文化资源的范围上来界定，认为文化资源主要是人文资源，具体地说是历史文化遗产。历史文化遗产具有精神文化、科学研究、经济功能和旅游功能等，是不可再生、不可取代的资源，在开发利用的同时一定要保护历史文化资源。

综合以上观点，我们可将文化资源理解为：文化资源是可以进行文化产品的创作、生产和经营的，可以以文化服务的形式为人们带来精神享受的特殊资源。文化资源既包括物质文化资源（如历史遗迹、自然风光），又包括非物质的文化资源，同时也包含未开发的文化创意资源（即潜在的精神资源）。

近几年，我国学者对文化资源的探讨多集中在文化资源如何转化为文化创意产业的发展要素上，即对文化资源的产业化路径进行研究。同时，又注意探索解决文化资源的利用与保护的二元矛盾问题。在具体研究中，主要集中在历史文化资源、自然文化资源、民族民俗文化资源以及现代文化资源四个方面。

（一）历史文化资源

山东大学王育济教授受公共历史学的启发，进一步拓展了历史文化资源的内涵，提出了“公共历史资源”的概念，包括历史人文景观、人文自然景观、历史传承下来的各类文学艺术和民间艺术、民俗文化、民间信仰以及各类文物、古籍等②，并且强调历史资源的受众是广大的公共人群，具有较强的普及性。著名创意产业学者厉无畏教授对历史文化资源的开发利用与创意转化提出了一些建议。厉无畏认为，资源具有经济学的含义，必须是能够创

---

① 吴圣刚：《文化资源及其特征》，《河南师范大学学报》（哲学社会科学版）2002 年第 4 期。
② 王育济、朱伟：《山东省公共历史文化资源综合研究论纲》，《理论学刊》2006 年第 9 期。

造出财富或资产的各种要素的组合。这意味着只要是被用来创造财富或资产的要素，包括物质的、精神的、体制的，或者人的知识与能力，社会的资本、科技与文化等都属于资源。历史文化资源成为产业资源必须经过一定的开发，具体模式如以景观化的方式——在保护历史文化资源的前提下开发旅游景观；以故事力活化、整合历史资源，以艺术秀增强感染力，吸引社会资本；凸显文化特色，提炼文化符号，发挥创意，树立品牌；创造情感资源，树立“体验观”。①

当然，在历史文化资源的开发中，也存在着过度开发或开发不当的情况，一部分历史文化资源受到人为或非人为的破坏。因此，如何保护产业开发中的历史文化资源也成为学界研究的重点。清华大学建筑学院毛峰、王凌云探索了历史文化资源保护中的新技术应用问题，提出了一项以国外先进技术为参照的技术保护体系。毛峰提出，利用遥感技术作为历史文化资源信息的获取手段，对历史建筑、古遗址、历史地区进行周期性的动态观测；以GIS为信息管理平台，结合GPS、RS以及VR等信息技术，建立历史文化资源保护综合数据库。在此基础上，开发历史文化资源保护地理信息系统，利用综合数据库和信息系统提供的专业分析功能，进行历史文化资源保护应用分析评价和决策支持，最终形成规范的电子报表、专题图和分析报告。② 即对历史文化资源进行信息化技术的保护与利用。

对历史文化资源的评估也是重要的一环。宣莹等在2011年以南京为个案，提出了点状历史文化资源的分类评价体系。其涉及的点状评估对象包括现存的尚未列入法定保护的历史建筑（群）、近现代建筑（群）、构筑物，以及古遗址，古、近代墓葬（群）等。③ 其基本原则和思路是：全面保护、整体保护；合理分类、科学分级；标准多元、措施多元；事前预评与事后补评相结合。吴晓等人于2012年又提出了关于历史文化资源评估的总体思路，主要以案例为借鉴、以因子评估为手段、以城市格局为平台、以数字技术为

① 厉无畏：《历史文化资源的开发利用与创意转化》，《学习与探索》2010年第4期。

② 毛峰、王凌云：《历史文化资源保护中的新技术应用》，《北京规划建设》2006年第4期。

③ 宣莹、郑晓华、刘正平：《点状历史文化资源分类评价体系探索》，《中国名城》2011年第3期。

支撑进行指标遴选和等级划分。①

（二）自然文化资源

自然文化资源主要指大自然创造的名山大川等自然奇观，它们往往成为影视产业的拍摄基地，也是旅游产业的重要依托。自然文化资源并不是孤立存在的，在产业开发中往往与历史文化资源或其他资源整合开发，形成独特的资源优势。因此，专门对自然文化资源进行论述的文章并不多，多涉及自然文化资源的管理体制、（西部）自然文化资源的保护等方面。如2001年中国社科院的张晓从制度经济学的角度阐述了中国自然文化遗产资源管理体制的改革与创新，对我国风景名胜区的宏观和微观管理体制进行了详细论证。②2007年，北京大学杜丽群撰文指出，我们必须重新认识自然文化遗产保护与经济发展之间的关系。既要重视自然文化遗产资源在经济与社会可持续发展中的作用，更要在开发与利用的同时，充分认识到这种珍贵而稀缺的资源的脆弱性及其不可再生性，切实采取有效的措施，保护其安全和延续。我们要以可持续发展作为自然文化遗产保护的指导方针，以生物多样性和文化多样性作为自然文化遗产保护的根本目标，以自然文化遗产的永续利用作为可持续发展的基本动力。③

（三）民族民俗文化资源

民族民俗文化资源主要指一个民族或国家创造并流传至今的，且人们仍在使用的语言文字、观念风俗、宗教歌舞、服饰传说、民族民俗艺术等民族文化财富。民族民俗文化资源存在或流行于特定的民族或地区，具有独特性和稀有性，其保护价值也较大。华中师范大学文化产业研究专家黄永林教授认为，利用民族文化资源发展文化产业应遵循以下基本原则：积极保护与开发并重的原则；社会效益与经济效益并重的原则；文化传承与文化创新并重的原则；政府管理与市场并重的原则。另外，黄永林提出了利用民族文化资

① 吴晓等：《历史文化资源评估的总体思路与案例借鉴》，《城市规划》2012年第2期。

② 张晓、张昕竹：《中国自然文化遗产资源管理体制的改革与创新》，《经济社会体制比较》2001年第4期。

③ 杜丽群：《自然文化遗产资源与经济发展》，《南京大学学报》（哲学社会科学版）2007年第3期。

源发展文化产业的主要路径：1. 认真调研，深入分析，全面规划；2. 加强民族文化产业特色园区和基地建设；3. 着力打造民族文化产业品牌；4. 大力发展民族文化旅游产业；5. 积极开展民族文化艺术产业展示活动；6. 利用现代信息技术发展民族文化产业。① 对于民俗文化资源，有研究者提出了其产业化的主要措施：民俗工艺设计，民俗服饰文化，民俗影视制作，民俗广告设计，民俗文艺会展等。②

（四）现代文化资源

现代文化资源主要指人们正在使用或开发的文化资源，包括影视、出版、报刊、动漫、游戏、高等教育、科研院所、博物馆、图书馆、体育等文化资源。在属性上，现代文化资源是各民族国家共同创造的世界人类文化资源，文化资源规模较大，分布最广，可开发的市场价值较大。目前我国学界对现代文化资源的研究和实践都较多，在此不再赘述。

三、文化资源的产业化发展——以山东省文化资源产业化发展为例

山东文化源远流长，历史文化资源丰富。考古发现，距今四五十万年以前，在人类发展史的旧石器时代，就有远古人类生息于山东中部地区，形成了大汶口文化、龙山文化等典型的历史文化类型。此外，山东是孔孟之乡，是儒家文化的发祥地，在国内外影响深远，儒家文化成为山东独特的人文资源。山东地处环渤海湾，山东半岛独特的地理位置孕育了具有现代文化特质的海洋文化。因此，历史文化、儒家文化和海洋文化成为山东文化创意产业发展的三大文化资源。

（一）历史文化资源

就历史文化资源来说，历史文化资源的数量、特点、基本类型都决定了其不同的文化产业战略以及产业竞争力。山东大学王育济教授在《山东省公共历史文化资源综合研究论纲》一文中总结了山东历史文化资源的基本类型和分布状况：1. 历史人文景观和人文自然景观方面。山东目前共有各级各类

---

① 黄永林：《从资源到产业的文化创意——中国文化产业发展现状评述》，华中师范大学出版社，2012，第92－99页。

② 钱丹青：《民俗文化资源开发与文化创意产业发展研究》，《经济视角》2012年第5期。

重点文物保护单位4734处，其中国家级51处，省级397处；历史文化名城16座，其中国家级6座；泰山和曲阜“三孔”被列入联合国世界遗产保护名录。自1930年以来，经过科学发掘的遗址有百余处。2. 文学艺术和民间艺术方面。山东素有“书山曲海”之称，地方戏剧、曲艺、音乐、舞蹈、书画等素负盛名。长期以来，在山东地区流行的本省剧种有12种，曲艺形式30多种，以秧歌、龙灯为代表的民间舞蹈200余种。全省共有27个县（市、区）被文化和旅游部命名为中国民间艺术之乡，21个县（市、区）被命名为省级民间艺术之乡。3. 民俗文化和民间信仰习俗有数百种。4. 历史名人及与此相关的其他历史文化资源丰富。孔子、孟子、墨子、孙子、诸葛亮、王羲之、李清照、辛弃疾、蒲松龄等历史名人众多，主要遗存表现为故居、著述、遗迹、传说等种类。现存古建筑一千多处、近现代纪念建筑三百多处。5. 文物、古籍（手稿）、档案等存量丰富。山东各级各类博物馆170余座，馆藏文物79.3万件，藏品数量居全国第三位，其中一级品3689件，居全国第一位。①

董雪梅在其博士论文《公共历史文化资源的产业开发》中对济南市的公共历史文化资源进行了分类，并提出了基于历史文化资源的产业开发战略。她将济南市的公共历史文化资源具体分为远古遗址文化、宗教与建筑文化、名泉文化、名士文化、近代商埠文化等，认为“济南市公共历史文化资源除具有一般文化资源的精神和物质双重属性、独特性、开放性、传承性、持久性、递增性等特征外，还具有其独特的文化特征和明显的产业特征”②。与其他省市相比，山东的历史文化资源历史悠久、总量丰富，但每种历史文化资源又都是独特、稀有的，具有鲜明的地域特色。资源的稀缺、不可复制性都决定了其经济学意义上的稀缺性，因而具有产业特征。另外，山东的历史文化资源中核心资源突出，具有独特性，有利于形成文化品牌，可以形成强大的文化竞争力。接着以几个典型个案，如都市剧《泉城人家》、传统历史

① 参见王育济、朱伟：《山东省公共历史文化资源综合研究论纲》，《理论学刊》2006年第9期。

② 董雪梅：《公共历史文化资源的产业开发——以济南市为个案研究》，山东大学博士学位论文，2008年。

剧《辛弃疾》《李清照》等分析了文化产业的市场营销应注意的问题；以朱家峪古村落分析了文化产业的定位开发问题；以《鹊华秋色图》确立了城市建设的文化主题。最后提出了以历史文化资源提高济南的城市竞争力的基本产业战略。

（二）儒家文化资源

儒家文化资源也是山东发展文化创意产业的主要资源之一。学者张进认为①，山东省可开发利用的主要文化资源点，有物态、理念和礼仪三部分：

1. 物态部分。指儒家建筑、服饰、饮食等内容和器物，即技术层面的文化传承。它们是儒家文化的载体，可以成为文化产业的旅游资源。

2. 理念部分。是与物态部分相对应的儒家文化的核心，包括儒家哲学、儒家道德、儒家圣贤事迹传说等。它们对我国人民的生活方式和思维方式、价值观念和道德观念产生了极大的影响，培育了中华民族尊老敬贤、重信守义、中正宽厚的道德品质和自强不息、积极进取的精神风貌。这些儒家文化理念可以成为品牌资源和要素资源。品牌资源，主要是指儒家文化可以增加产品的文化含量，提高产品的知名度，形成良好的品牌效应。随着人们物质生活水平的提高，人们对文化消费的需求呈现出多样化、高档化的趋势，人们的消费品位不断提高，越来越重视产品的文化内涵。许多企业利用儒家文化资源对产品进行文化包装，有力地提升了产品的影响力、辐射力和吸引力，增加了产品的美誉度和知名度。要素资源，是指儒家文化作为可以教育人、启发人、塑造人的资源，可以容纳于物质产品之中，成为其中吸引消费者的重要变量，极大地提高产品的附加值。

3. 礼仪部分。是儒家文化的表现形式，包括儒家礼仪、儒家传统节日等，是在儒家文化影响下形成的各种官方和民间的礼仪及风俗习惯。即使在现代社会中，这些传统礼仪对人们也有很强的吸引力，它们具有一定的经济开发价值，逐渐成为文化、经贸、官方及民间往来的重要桥梁和契机，因而可以成为文化产业的载体资源。改革开放以来，山东各地利用自身的儒家文化民俗、景观、节庆等为当地的经济贸易、招商引资、产品开发等搭建了良

---

① 张进：《儒家文化与山东文化产业发展》，《山东经济》2008 年第 4 期。

好的平台，有利地带动了当地的经济发展。如曲阜的国际孔子文化节就是其中较为典型的代表案例之一。

丁加军和赵培全认为，目前山东省孔子文化产业的建设已取得了初步成就，全省孔子文化产业年产值已达数十亿元。以曲阜为龙头，初步形成了地域性规模效益以及名人品牌优势，催动和壮大了相关产业、事业，如旅游产业、孔子研究结构、孔子文化书籍系列等。孔子文化产业开始走向世界，得到了广泛的欢迎和赞誉。如曲阜市古乐舞曾多次到新加坡等地演出；山东省外宣办组织的“孔子文化展”已在五大洲多国举办；中国孔子基金会和新华社山东分社、北京远大集团合作制作的金版《论语》及孔子金像，曾作为外交礼物分别赠送安南和李光耀，并被联合国以及新加坡国家博物馆收藏。可见，儒家文化已充分发挥了对市场的渗透力作用，形成了优势产业。

（三）海洋文化资源

就海洋文化资源来说，根据海洋文化的不同特色，可以形成不同的发展模式和战略，从而以不同方式推动文化创意产业的发展。“海洋文化，就是和海洋有关的文化；就是缘于海洋而生成的文化，也即人类对海洋本身的认识、利用和因有海洋而创造出的精神的、行为的、社会的和物质的文明生活内涵。海洋文化的本质，就是人类与海洋的互动关系及其产物。”① 王颖在其博士学位论文《山东海洋文化产业研究》中对海洋文化产业资源的类型做了归纳，认为它主要包括海洋自然风光资源、海洋人文景观资源、海洋文学艺术资源、海洋风俗资源、海洋饮食文化资源、海洋生物和生态资源、海洋文化节庆资源、海洋科技资源和产业资源，并详细分析了山东海洋文化的文化特色、区域差异、稀缺程度、保存状况以及资源的组合性。在对山东海洋文化特色的归纳中，王颖认为，山东海洋文化的特色在于人文资源和自然资源荟萃，兼容并蓄：精彩纷呈的文学艺术、独具特色的民俗风情、丰富多彩的文化节庆、共同构筑成了山东海洋文化的基本内容。这些内容都鲜明的区别于其他的资源，体现了地域、历史、人文、生活等方方面面的文化差异，从而使其成为独具文化特色的文化产业资源，具有了独具优势的

① 曲金良：《海洋文化概论》，青岛海洋大学出版社，1999，第7－8页。

资源竞争力。[1] 文中，作者提出了发展山东海洋文化产业的两个模式：以海洋文化资源为依托的发展模式；以海洋旅游文化产业为核心产业的带动模式。

此外，海洋文化是一种现代文化资源，开发海洋文化资源在山东文化创意产业的现代转型中可以起到带动作用。潘鲁生教授提出了构建蓝色文化产业的发展路径，对山东半岛蓝色经济区文化产业的发展战略提出了思考。潘鲁生认为，发展蓝色文化产业，有利于实现山东半岛文化资源的设计转化，带动传统产业升级并建立新兴特色产业集群，形成具有地方文化特色，符合区域经济实际，并具有高端、跨界、综合、前沿等特点的文化产业格局。具体可从新型文化产业业态、工业设计产业、创意商贸产业、创意生活产业等四大版块着手加以推进。[2]

文化资源的产业化并不意味着对文化资源的无限开发和过度浪费。学者张廷兴以山东文化资源的开发为例，提出了几个开发的原则[3]：1. 摸清家底，熟悉大布局，搞好小格局。要通过摸底调查、梳理、分析、论证我们整个省、市、县有多少文化资源是特有的、具有开发价值的，能取得良好的经济效益和社会效益的；哪些是共有的、布局合理的，有一定的经济效益和社会效益的；哪些是没有开发价值或价值意义不大的；哪些是省、市名牌应该重点开发的；哪些是配套的、属于一般开发的。2. 深思熟虑，明确应站在什么角度去开发。3. 抓住“特有”做文章，创地方文化资源开发名牌。4. 提升民俗文化在旅游事业发展中的地位和作用。5. 最主要的原则，就是注意保护历史遗产和新建的文化含量。

第四节　文化创新与文创产品消费

“文化”是文化创意产业的核心要素。创意产业中的“文化”与一般文化中的“文化”，其主要区别在于：文化创意产业中的文化更强调文化的差

① 王颖：《山东海洋文化产业研究》，山东大学博士学位论文，2010 年。
② 潘鲁生：《蓝色文化产业的发展路径》，《山东社会科学》2012 年第 12 期。
③ 张廷兴：《山东文化资源的开发利用》，《齐鲁文化研究》2002 年第 1 期。

异性，而一般文化中的文化更注重共通性。文化的差异造就了文化的特色，使文化在差异中成了稀缺资源，成为创意的来源。文化差异是知识产权得以确立的前提，二者与科技创新、文化体制改革共同构成了文化创新的主体内容。文化创新是文化产业发展的动力，是文创产品开发、生产、消费和管理的核心推动力。

一、文化差异

从词源学上说，文化（Culture）原系拉丁语，指种植、耕耘、农作，既指耕种土地，又有播种智慧的含义。目前学界有200多种关于文化的定义，学者分别从人类学、民俗学、社会学、心理学等不同领域给予其界定。在所有关于文化的定义中，英国学者爱德华·泰勒的观点目前在国际上影响较广且较具代表性。在《原始文化》一书中，泰勒给出了文化的经典定义："从广义的人种论的意义上说，文化或文明是一个复杂的整体，它包括知识、信仰、艺术、法律、风俗以及作为社会成员的人所具有的其它一切能力和习惯。"① 文化是一个复杂的综合体，我们从文化的各种定义中就可以窥见文化的差异性。

萨缪尔·P. 亨廷顿的"文明冲突论"揭示了文化差异已成为区分不同国家和种族的界限。1996年，亨廷顿在《文明的冲突与世界秩序的重建》一书中对"文明冲突论"进行了系统的阐述：在这个新的世界上，最基本的冲突根源不是来自意识形态，也不是来自经济，人类的根本分歧与主要冲突来自文化和以不同文化体现出来的文明。全球政治的主要冲突将在具有不同文明的国家与种群之间展开，"将来最主要的冲突将是沿着文化断层线展开，这种文化断层线将一种文明与另一种文明区分开来"②。美国人类学家克鲁克洪（Kluckhohn）把拉尔夫·林顿对文化内容差异性的认识归纳为专门性文化特征、选择性文化特征和变异性文化特征，林顿认为："凡仅仅适用于一类特殊个人的文化要素，乃是专门性文化特征。凡全体成人都熟悉的（或

---

① ［英］爱德华·泰勒：《原始文化》，蔡江浓编译，浙江人民出版社，1988，第1页。

② Samul P.，Huntington，The Clash of Civilization? *Foreign Affairs*，Summer，(1996)：25.

者至少是具有某种特定文化的群体中的全体成人都熟悉的)，但又可以自由选择采纳与否的文化要素，就是选择性文化特征。至于变异性文化特征则是这样一些文化要素或组合，‘它们由某些个人共享但不普适于社会所有人员，甚至不普适于按社会性质分类的任何一组群体的所有成员’。”①

20 世纪 70 年代末，荷兰学者霍夫斯泰德（Hofstede）从国家文化的框架下对文化的差异性做了研究。霍夫斯泰德对覆盖 40 个国家和地区的全球跨国公司 IBM 公司 11.6 万名的员工进行文化价值观调查后发现，IBM 的员工在教育背景、智力水平乃至个性特征方面都比较相似，然而他们对同一问题却做出了不同的回答和反映。形成这种差异的原因是不同的民族文化背景对他们的工作价值观和工作态度产生了影响。霍夫斯泰德总结了影响企业员工价值判断的四大因素：（1）个人主义—集体主义（Individualism-Collectivism）：看问题的出发点是“我”还是“我们”；（2）权力差距（高或低）（Power distance）：衡量人与人之间权力的距离；（3）价值观念的阳刚性和阴柔性（Masculinity-Femininity）；（4）不确定性规避（Uncertainty Avoidance）：在不明确的情形下的态度，积极应对还是积极回避。如在个人导向和集体导向中，美国人的个人主义得分最高（91 分，满分 100 分），而具有中华文化背景的群体得分很低，在 20 ~25 分。

在企业文化中，著名管理学家 Darial Blaekwell（2005）强调，文化竞争力不只是注意肤色与语言差异，更重要的是尊重人们因文化背景差异而导致的信仰差异、偏好差异、传统差异和价值观差异。因此，在全球市场上提高文化竞争能力的途径就是建立一个多样化的营销团队，并培养其文化间敏感性。巴斯克（Pascale，R. T.）和艾索思（Athos，A. G.）选取日本松下电器和美国的国际电话电报公司做了个案分析。他们发现，企业绩效的差异主要在于企业文化的差异，而企业文化的差异又源于不同的民族文化结构。1986年，美国加利福尼亚大学教授巴恩尼也对企业文化和企业业绩的关系做了研究。其研究结果为：企业可以不受模仿者的制约，获得一种持续竞争优势，这种持续的“优异业绩”可能来源于企业文化。同时，巴恩尼指出，构成企

① ［美］克鲁克洪：《文化与个人》，何维凌，等译，浙江人民出版社，1986，第 9 -10 页。

业“持续竞争能力”的企业文化必须具有价值性（to be valuable）、稀缺性（to be rare）和难以模仿性（to be imperfectly imitable）这三个方面的特征。其中，稀缺性和难以模仿性就体现了企业文化的差异性。具有差异性的文化才是企业形成持续竞争力的关键，也是文化创意产业核心竞争力的关键。

二、科技创新

科技创新能够体现文化差异的重要性，科技进步引领着文化产业的发展，科技创新是文化产业发展的不竭动力。文化创意产业不仅需要文化的原创力，更需要科技的创新力。党的十七届六中全会指出：“科技创新是文化发展的重要引擎。要发挥文化和科技相互促进的作用，深入实施科技带动战略，增强自主创新能力。”① 文化与科技相互促进、融合发展，已成为当今经济文化发展的新趋势，成为文化创意产业持续、快速发展的支撑力。

全国人大常务委员会原副委员长成思危说，文化科技为改造传统文化产业、培育新兴文化业态，提高文创产品服务质量，满足人民群众日益增长的精神文化需求提供了有力的支撑。我们要进一步提出文化与科技融合的新手段、新办法、新举措，不断加强科技成果的广泛应用，提升文化建设的科技含量，促进文化领域的改革创新。当时的文化部副部长的王文章说，技术与文化创意产业的互动发展是一个重大课题。把运用高新技术作为推动文化建设、提高文化创新能力和传播能力的新引擎，这是当前形势下增强我国文化实力，加快文化发展，推进文化繁荣的一项重要战略举措。当时的文化部文化科技司于平司长说，科技和文化的融合由来已久，许多文化业态本身就是科技进步的产物。现在我们提出文化与科技融合，要关注高新科技发展的前沿动态，要从提高综合国力的高度利用高新科技促进文化创新，在文化建设领域要把“中国制造”变成“中国创造”。②

当前，数字化信息技术的发展对文化产生了前所未有的冲击，其带来的

---

① 中共中央关于深化文化体制改革　推动社会主义文化大发展大繁荣若干重大问题的决定．《人民日报》，2011 年 10 月 26 日。

② 张玉玲：《科学让文化创意充满张力　文化产业空间被拓展》，《光明日报》2010 年 12 月 10 日版。

革命性在于，文化以一种技术形态的方式获得新的展现形式。动漫、手机报纸、WAP、数字电影、数字音乐、网络游戏、流媒体点播、软件服务、博客等新型文创产品显示了科技对传统文化生产的创造性意义。现代科技提高了文创产品的原创力，增加了文创产品的附加值，从而提高了文创产品的市场竞争力，使文化产业获得持续发展的潜能。2012 年 5 月 24 日，中国科学技术部官网发出公告，北京中关村、青岛国际动漫产业园等 16 个基地被首批认定为国家级文化和科技融合示范基地，青岛成为山东省第一个国家级文化和科技融合示范城市。据时任青岛市委宣传部副部长吕振宇介绍，位于青岛市南区的青岛国际动漫产业园是国家级动漫创意产业基地，集聚了上百家韩、美、法等国内外动漫游戏企业和合作机构，《崂山道士》《三岔口》《轻轻松松看奥帆》等多项文艺精品就在这里出炉。青岛市作为国家现代服务业首批示范城市和全国首批三网融合试点城市，以数字家庭和数字社区、数字旅游、文化创意为代表的新兴服务业发展迅速。在文化创意、动漫游戏、数字新媒体、数字出版等新兴业态领域，共培育了 91 家年销售过亿元的文化企业。近年来，青岛市还集聚了一批特色鲜明、创新能力较强的文化科技企业和文化科技创新服务机构，立足区位优势，重点发展八大滨海特色文化科技产业集群。2011 年 9 月 23 日，以高科技演绎的动漫卡通主题项目——青岛方特梦幻王国正式开业，其中的飞越极限、生命之光、崂山道士等动漫主题项目让游客体验了世界科幻的神奇。

文化与科技的融合增强了文化的传播力和影响力，提高了文化产业的核心竞争力。除青岛外，山东网络广播电视台也已打造了集网站、IPTV、互联网电视、手机电视四大版块为一体的新型广播电视播出平台；日照创意产业园聚集动漫、影视、设计、教育等创意产业，力图实现文化与科技的深度融合；山东济宁微山湖红荷湿地旅游产业地景区用 TTC 雾森技术，除缔造完美雾效外，还具有增湿、降温、负离子保健等功效，对营造湿地意境、保护湿地资源具有重要意义。中南大学黄永林教授说：“科技让传统文化大放异彩，所产生的效果更是让人叹为观止。在传统的传媒产业中，报刊、广播、电视等原先各自为政，而科技催生的数字内容产业却打破了传统媒体之间的技术界限和鸿沟，使过去由不同媒介传输的不同形态的数据、文本、声音等信息都能无差别地转换为数字形式，在同一平台上相互包容、渗透和整合，各领域的资源交流共享能力大幅提升，产业结构因此变得更加紧密。”①

提高科技对新兴文化业态的创生能力一直是山东文化产业努力的重点，传统产业多、新兴产业少，是山东文化产业发展的突出问题。据统计，2017年山东省文化产业的增加值占GDP的比重仅为4.29%。② 2019年山东省《关于促进文化和科技深度融合的指导意见》指出，大力发展以互联网为中心的数字化、网络化、智能化文化产业，以文化提升科技内涵，以科技促进文化发展，切实增强人民群众文化生活中的科技含量，让科技为人民群众的文化生活带来更好的便捷性、时代性和幸福感。

科技创新为什么能促进文化产业的发展？有研究者认为，这主要基于以下几点：1. 科技创新与文化产业的发展结构协同。二者的发展结构都是基于生产力的创新。2. 发展目标协同。二者都致力于推动经济的发展。3. 发展速度协同。科技创新的速度要快于产业发展的速度，但是产业发展之后，又会反过来促进科技创新的速度。同时，作者指出，近几年，虽然山东各地正在加大对科技的投入，但是各地区的科技投入、产出结构并不平衡，科技创新文化综合实力差异明显。有研究者统计了2008年山东省各地区科技文化创新建设的综合实力状况，如图2－7所示③：

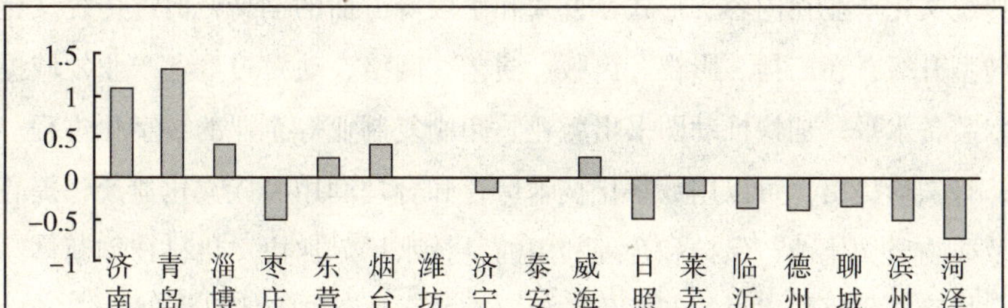

图2－7　2008年山东各地区科技创新文化综合实力差异

① 黄永林：《从资源到产业的文化创意》，华中师范大学出版社，2012，第65－66页。

② 数据引自宋晓雨.《围绕中心 服务大局 2019山东推动文旅深度融合 为" 新旧动能转换" 赋能》,《联合日报》2019年2月15日。

③ 冀相豹：《科技创新文化与区域经济发展研究——基于山东省实证分析》，山东经济学院硕士学位论文，2010年。

由图2－7可以看出，青岛得分最高，综合指数为1.295，说明其科技创新文化综合竞争力最强。济南、烟台、淄博、威海、东营、潍坊跟随其后，指数值为正值，具有较强的科技创新文化综合实力。菏泽、枣庄得分最低，其科技创新文化综合实力最弱。其余8个城市的指数值在0至0.50之间，低于平均水平，科技创新文化综合实力也较弱。基于青岛的科技优势，山东工艺美术学院潘鲁生教授提出了以科技发展山东蓝色文化产业的设想。如提出依托智能技术，着力发展智能创意产业，认为人工智能与内容交替创新的时代已经来临。潘鲁生尤其强调，以硬件驱动软件、软件驱动内容、内容反哺硬件为特征的“创意资源循环圈”是积聚、融合、衍生各种新型文化业态的土壤。在新的文化业态中，我们可运用由移动终端、物联网、云计算、智能显示等构成的智能技术，发展智能创意产业，开展智能家电设计、智能建筑设计、智能公共交通设计、智能办公环境设计、智能服务设计。① 包乌兰托亚在其硕士学位论文《基于海洋科技产业城的青岛海洋旅游深度开发研究》中提出了基于海洋科技的青岛海洋旅游产业开发方案。② 张文珍提出以科技加快对山东传统文化产业进行改造和升级的建议。她认为，山东省信息产业比较发达，拥有浪潮、海尔、海信等这样的一批龙头企业，许多自主创新技术走在了全国前列，要运用信息技术改造文化发展的方式方法，加快推进传统文化产业在内容、形式、方式和手段等方面的创新，促进传统文化产业转型升级，在广播、影视、出版、演艺、网络、动漫等重点产业领域提高技术装备水平，加快推动图书出版业、印刷复制业等企业的数字化进程。同时，张文珍提出，可以用数字化技术保存和合理利用民族文化遗产，提高文物及非物质文化遗产保护和合理利用的科技水平。加快文化科技创新体系建设，鼓励文化科技成果的产业化转化，支持文化科技人才自主创业。③

总之，虽然山东各城市的文化创意产业仍存在着诸多发展的瓶颈，如产业区域布局不平衡、发展资金不充足、产业意识薄弱等，但科技创新是文化

① 潘鲁生：《蓝色文化产业的发展路径》，《山东社会科学》2010年第12期。

② 包乌兰托亚：《基于海洋科技产业城的青岛海洋旅游深度开发研究》，中国海洋大学硕士学位论文，2010年。

③ 张文珍：《创意推动山东文化资源转化》，《山东行政学院学报》2012年第5期。

创意产业发展的后备优势，也是促进文创产品消费的持续动力。因此，必须重视科技创新与文化产业的协同发展。

三、知识产权

文化差异和科技创新的重要性呼吁文创产品必须建立完善的知识产权保护体系。根据1998年《英国创意产业路径文件》的表述，文化创意产业即"源于个体创意、技巧和才华，通过知识产权的开发和利用，具有创造财富和增加就业潜力的产业"。有"创意产业之父"之称的英国经济学家约翰·霍金斯在其《创意经济：人们如何从思想中创造金钱》一书中将创意产业界定为，其产品都在知识产权法的保护范围之内的经济部门，版权、专利、商标和设计产业四个部门共同构建了创意产业和创意经济。香港将创意产业理解为：通过开发和利用创造性技术和知识产权来生产、销售具备社会文化意义的产品和服务的一系列活动，也是实现创造财富和就业机会潜能的一种生产体系。联合国教科文组织则认为，文化创意产业一般指那些"来源于创意或文化的积累，通过知识产权的形成与运用，具有创造财富与就业机会潜力，并促进整体生活环境提升的行业"。可以看出，尽管关于文化创意产业的概念有很多种，但知识产权都是其定义的核心要素。知识产权是文化创意产业核心竞争力的保障，是产业生存的生命线。加强知识产权法，完善文化创意产业的知识产权建设，是对政府管理职能的有益补充，可为创意产业的发展提供良好的法律保障。

根据美国学者威廉·费舍尔（William Fisher）的概括，当代西方知识产权理论主要有四种理论路径，即：功利论（Utilitarianism）、劳动论（Labor Theory）、人格论（Personality Theory）和社会规划论（Social Planning Theory）。①

（一）功利论

功利论的基本思想为：知识产权的授予，为知识产权的创造者带来了巨

---

① William Fisher，Theories of Intellectual Property，参见［英］斯蒂芬·R·芒泽编：《财产的法律和政治理论新作集》，中国政法大学出版社2003年影印版，第168－199页。

大的激励，促使其愿意投入到知识产品的创造活动中去，努力为社会创造出丰富而有价值的知识产品，从而使社会公众能够充分利用这些知识产品，进而促进社会总福利或社会净福利的最大化，最终造就整个社会的繁荣与进步。功利论强调有用性，以利益最大化为原则。如美国《1787 年宪法》中关于知识产权就有明确的规定："国会有权力通过赋予作者和发明人在有限时期内对于其作品和发现享有排他性权利的方式来促进科学和实用艺术的进步。"学者摩尔（Moore，Adam. D.）对知识产权的功利论做了规范的概括：首先，社会应当采纳一种体系或制度当且仅当该制度产生出或在最理想的条件下，预计产生出社会整体效用的最大化；其次，一种将有限权利授予作者和发明人的制度，有望为知识产品的生产提供激励；再次，促进知识产品的创造和传播，导致了最优量的社会进步。① 作为奠定美国知识产权制度的核心人物，托马斯·杰斐逊（Thomas Jefferson）对知识产权的目的性做了进一步的解释："专利垄断的创设并非确保发明人对于他的发现享有自然权利。恰恰相反，它是作为一种回报或激励，以产生出新的知识。"② 即作者和发明人具有知识的控制权，其主要原因是这种知识提供了为社会进步所必需的激励。新古典经济学认为，知识产权制度能够最有价值地分配知识产品，当市场将知识产权引导至其最高价值时，知识产权便提供了对知识产品的恰当性保护程度。因而，知识产权具有正当性。

兰德斯（William Landes）和波斯纳（Richard Posner）从法律经济学的崭新视角出发，对于知识产权的必要性与合理性做了详细论述。他们认为，当知识产品的创造者在意识到其知识产品可无限被复制，并因复制而降低了知识产品的价格，因而变得无法收回其"表达成本"时，创造者就不会首先去从事具有社会价值的知识产品的创造。为避免这一在经济上无效的产出（即复制），我们要把创造者的作品赋予排他性的权利，并在一定期限内分配给创造者。所以，作者应当享有著作权。同时，应健全专利制度，通过专利

① Moore，Adam D. *Intellectual Property & Information Control*：*Philosophic Foundations and Contemporary Issues*，Transaction Publisher（2001）New Brunswick（U. S. A）and London（U. K.）.

② Moore，Adam D. *Intellectual Property & Information Control*：*Philosophic Foundations and Contemporary Issues*，Transaction Publisher（2001）New Brunswick（U. S. A）and London（U. K.），pp. 38.

制度对整个社会的经济发展和技术进步带来好处。如商标能够减少消费者购买商品的搜寻成本。作为现代著作权法标志的英国《安娜法令》，在功利论的基础上明确地设定了出版权、作者的私人利益和社会公共利益之间的平衡机制。该法规定："凡已写而未印刷的图书，作者或受让人自该书首次出版之日起可以享有十四年印刷和重印该书的独占权…该期限之后，如果仍在出版，可以继续享有印刷或处理印本的独占权十四年。而对于已经印刷的书籍的作者，在该法颁布之日起二十一年内享有重印该书的专有权利。"

功利论关注的是社会总福利和公众利益，个体福利并不占据重要地位，因而包含作者的创造性人格在内的个体福利便被忽视掉。这样一来，诉诸功利论的论证路径就无暇顾及对作者的精神权利，如署名权、发表权、修改权和保护作品完整权等方面做出解释。加拿大学者菲沃（David Fever）就批评说，功利主义体系不能解释出现于《加拿大著作权法》里的精神权利制度。

（二）劳动论

劳动论，又可称为"知识产权自然法理论"或者"道德上值得享有的理论"。其基本思想是，知识产品是经由发明家、作家、音乐家等创造者在付出大量的智力劳动后才被创造出来的。因而，这些创造者艰苦卓绝的劳动，在道德上应当获得回报，而回报的方式便是为他们赋予对于那些知识财产的独占性权利——知识产权。英国哲学家洛克的《政府论》（上下篇）对劳动论做了阐释。在洛克看来，对资源施加了劳动的人就对他（她）的劳动成果享有某种自然财产权，而且国家有义务对那一自然权利给予尊重并付诸实施。"所以，一个人只要使任何东西脱离其自然存在的状态，这个东西里就已经掺进了他的劳动，即掺进了他自己所有的东西，因而这个东西就成为了他的财产。"① 洛克在这里提到了财产权的神圣性，财产权是不得被任意剥夺或限制的。朗德（Ayn Rand）对知识产权的合理性也做了论证，甚至将专利视为财产的最高形式："财产权的心脏和核心"。她指出，专利和著作权是道德权利，而不仅仅是法律权利。不过永久性的知识产权将会导致不去努力争取的寄生主义，因此她提倡对知识产权的短暂期限进行限制，从而促进

---

① ［英］洛克：《政府论》，刘晓根编译，北京出版社，2007，第71页。

新知识的创造。斯宾塞（Herbert Spencer）在1878年向英国皇室委员会做出的陈述中，为专利和著作权提出了一种道德应得基础上的论证。他主张，“实证层面下的公正（justice）在于每一个体接受其自身的本性及随后的行为所带来的利益和损害。因此，显而易见的是，假如某一个人依凭其智力劳动达到了某一结果，那么他就应该获得由这一结果所带来的任何利益”。

针对洛克提出的劳动论，尤其是其以劳动作为先决条件的理论，当代西方的许多学者如诺齐克（Robert Nozick）、戈登（Wendy Gordon）、海丁格尔（Edwin Hettinger）等对此做了不同的解释和矫正，进一步推动了劳动论的发展。如戈登认为，作者有权利从那些使用其作品的人那里获得补偿（compensation），其主要原因是：（1）一个人不劳动便享有权利和特权，除非付出（支付）或令人满意的诱因（inducement）出现；（2）人不应享有对于他人劳动产生利益的肯认性权利（affirmative right）；（3）付出劳动的人有权使用法律制度以获取他人因为使用劳动者创造的利益而支付的费用。①

劳动论能够避免功利论对个体利益的倾轧，并启发人们去探索与知识产权有关的正义问题，同时解决了知识产品创造者的知识产权与社会公众的共有权之间的冲突，具有积极意义。但是其局限也较为明显。如，劳动论将可能导致创造者权利的无原则扩张，从而违反自由价值。美国赞成自由论的记者莱吉特（William Leggett）就明确否定了劳动论为版权和专利所做的论证。他提出的理由是：一，知识产权限制了公共思想的自由拓展，损害了公共利益；二，知识产权在现实中造成了对知识的垄断，它使他人对于知识的享用权受到了侵犯。

（三）人格论

知识产品离不开人的智慧和思想，是人的智慧和思想的结晶，保护知识产权体现了尊重人格的需要。最早对人格理论做出阐释的是康德，他认为，人们要做的是维护和增进人的人格，从而最终实现人这一目的。康德区分了两种形式的占有，感性的占有和理性的占有。感性的占有即感官领悟的占

① Steward E. Sterk，Rhetoric and Reality in Copyright Law，*Michigan Law Review*. 1996，94（5）：1197－1249.

有，可以理解为实物的占有；理性的占有即由理智来领悟的占有，可以理解为对同一对象的纯粹法律的占有。康德还区分了艺术作品的物质成分所有权与体现于该作品中的思想。康德认为，即使所有者对于该作品享有所有权，但在没有征得作者同意的情况下是不能出版该作品的。因为，把作者的作品公之于众，作者向公众表达了他的思想，这揭示了作者的人格性。这种对于通常被认为是作品所有者财产权之一的干预，便经由把出版（或发表）权视作为人格权之一而获得证成。① 德国古典自由主义者洪堡（Wilhelm Von Humboldt）将康德人格论的观点加以具体化，他指出，在人的发展过程中，人的自发性、主动性居于首位，人的创造力是最可贵的。因而，人的创造力理应受到尊重。

德国法学家盖雷斯（Karl Gareis）在1877年发表的一篇论文中详细审视了十九世纪法律学者给出的关于“人格权”术语的不同解释，总结出人格权的几种形式：自由组建个人生活的权利、个人姓名的权利、商业名称和商标的权利、人格尊严的权利以及对于文学艺术作品和发明的权利。② 有“著作权人格主义理论之父”称号的基尔克（Otto Friedrich Von Gierke）区分了人格权和人格权的实施，解释了知识产权的转让问题。他强调：作品乃是作者人格的产品，因为作者将经济利益从属于作者人格。由于人格权不可交换，基尔克通过对人格权本身和人格权的实施加以区分而赋予出版合同以合理性。新黑格尔主义法学创立者科勒（Joself Kohler）更是明确地指出，保持作品完整性的要求与其说是对于作者自己的作品予以支配，不如说是对于作者的人格予以支配。而对于作者的人格予以支配就赋予作者一项权利，即作者有权要求任何人不得分享作者的人格，并不得让作者说出他未曾说过的话。③

此外，当代学者胡夫斯（Justin Hughes）在《知识产权哲学》一文中对人格理论做了进一步细致的研究，为知识产权人格的展现增加了时间维度、

---

① Edward J. Damich, Right of Personality: A Common-Law Basis for the Protection of the Moral Rights of Authors, *Georgia Law Review*, 23 (1988).

② 同上。

③ Adam D. Moore , Are Patents and Copyrights Morally Justified?, *Information Ethics*. 2005: 123 - 168.

外界因素限制等内容。他指出，凭借发明，知识产品可能先于人格利益，而依凭时间，科学家或工程师逐渐以他的科学进步或技术进步来确证自己。多普勒以声音的特定原理而为人所知，爱迪生以电灯泡和唱片而闻名，贝尔以电话而为人知晓。① 而学者瓦尔登（Jeremy Waldron）的研究更为细化，将原本笼统的人格细化为一系列人格利益。在他看来，人类的基本利益包括：心灵的安宁、隐私、自立、作为一个社会存在者的自我实现、作为个体的自我实现、安全和悠闲、责任、身份、公民资格以及仁慈。他认为，上述每一种利益都是总体人格的体现。如为了使人们能够成为独立的、自我指导性的人，某种控制特定资源的排他性权利或许就是必要的，这便是人格的自立。为了使一个处于某种经济和心理地位的人积极地参与政治事务，对某一特定量的资源享有所有权就是必要的，这便是公民资格。

人格论弥补了劳动论的局限，有助于解释知识产权的让渡，尽管这种理论并没有克服人死后的知识产权归属问题，但在西方知识产权发展史上仍十分具有代表性。

（四）社会规划论

社会规划论是针对当代网络数字环境下的知识产权而出现的。其基本观点是，著作权、商标权和专利权等在内的知识产权能够而且应当加以型构，它们为社会带来的知识产品会使人们达致一种优良的生活，它们自身的架构也会成为构筑理想社会的要素，从而把人们带入到一个公正的、有吸引力的理想社会。奈特尼尔（Neil Weinstock Netanel）在《著作权和一个民主的市民社会》一文中就明确地指出，数字技术的威胁，致使著作权法难以提供对于私人所有的公共利用。数字技术的未知潜力引发一场有关我们进入数字时代后著作权的目的与范围的激烈论战。② 因而，奈特尼尔提供了一种关于版权的观念架构：民主范式的著作权。他把著作权的功能分为两种，即生产功能和结构功能。著作权通过这两项功能来促成一个民主的市民社会，其主要目标是要支撑民主文化。奈特尼尔认为，著作权本质上是一种用市场制度来

① Justin Hughes, The Philosophy of Intellectual Property, *Georgetown Law Journal*, 77 (1988).

② Neil Weinstock Netanel, Copyright and a Democratic Civil Society, *The Yale Law Journal*, 106 (1996).

增进市民社会民主特质的国家手段。显然，在奈特尼尔看来，知识产权是人们追求并实现理想社会的手段之一。奈特尼尔的知识产权在某种意义上把著作权和民主政治勾连起来。

此外，费舍尔（William Fisher）提出了知识产权的乌托邦范式。在费舍尔看来，通过著作权法、商标法和专利法的调控，我们试图要推进的是一个具有公正的、有吸引力的文化的社会，即“优良的社会”。费舍尔解释说，“优良社会（乌托邦社会）应当包括的方面是：文化多样性、丰富的艺术传统、充分的自我感和反应能力、设计精巧的经济体制、广泛而公共的必修教育以及平等。”[①] 费舍尔指出，一种文化的共同语言越复杂、越具有共鸣，该文化就越能为其成员提供在交流和思考方面进行创造和抽象的机会。而知识产权便可以培育出这种丰富的艺术传统。在他描述的有吸引力的文化里，所有人都有权使用丰富的信息资源和艺术资源，而且都能够参与到文化意义的创造过程中来。如果人们可以接触到“现实”空间和“想象”空间的各种基本团体，他们的社会沟通能力将得到增强。知识产品的创造和传播，为人们的这一构想开拓了渠道。[②] 显然，费舍尔构筑的这一理想社会图景是基于虚拟世界，或者说是未来社会的文化想象。当然，在文化创意产业中，对知识产权的保护不仅关乎现在，更是面向未来。

四、文化体制改革

体制是确定社会政治经济组织结构、管理规范并约束人们行为的制度、秩序和准则。“所谓文化体制是指一定社会经济发展阶段中文化产品的生产、管理和传播的具体形式和运行方式，它包括文化生产组织、管理制度、管理形式、方法及传播方式等。文化体制就是文化产品专业化生产的组织构架与制度安排。文化体制的类型和社会性要素规定着文化产品生产、管理、传播等实践活动的特点，体现着主体从事实践活动的方式，制约着文化产品的生

---

① William Fisher, Terminator 2: Library Education, *Library Acquisitions*, 1998, 22 (1): 31 - 34.

② William Fisher, Theories of Intellectual Property, 参见［英］斯蒂芬·R·芒泽编：《财产的法律和政治理论新作集》，中国政法大学出版社 2003 年影印版，第 168 - 199 页。

产效率，也制约着文化创造的状况与文化产品的价值取向。”① 由于特殊的历史时期和政治背景，改革开放以前，我国传统文化体制的基本特点是“政府办文化”，即政治统领文化，政府用行政指令统领文化的生产和传播，忽视了文化生产的自身规律。十一届三中全会以后，为改变传统文化体制的弊病，我国共进行了四次文化体制改革。第一阶段（1978—1992 年），重点把文化体制改革纳入经济体制改革，文化市场开始出现。第二阶段（1992—1996 年），在 1992 年出版的国务院办公厅编著的《重大战略决策——加快发展第三产业》一书中，“文化产业”的概念被提了出来。电影和文艺院团开始施行聘任制。第三阶段（1996—2002 年），文化体制改革开始提速并由被动改革向主动改革转化，文化建设的各大领域进行了重大探索，文化生产力得到不断提高。其中，网络文化经济迅速成长起来，并成为文化产业的重要一极。政府机构改革、文艺院团改革继续进行，同时掀起了组建文化产业集团的热潮，并加强文化产业数据统计，加强法治建设，推进依法管理。第四阶段（2002 年至今），文化体制改革理论趋于系统化、明晰化，实践中开始进入实质性启动和整体推进阶段。

2003 年 7 月，山东作为全国首批文化体制改革试点省份，正式拉开文化体制改革的帷幕。有研究者总结了山东 2003—2008 年间文化产业的发展状况：1. 山东省文化产业总量、规模偏小，对经济发展的贡献低，远未成为山东国民经济的支柱产业。2007 年全国文化产业增加值占 GDP 的比重为 2.6%，山东省的文化产业增加值占 GDP 的比重仅比国家平均水平高出 0.15 个百分点，为 2.75%。广东省这一比重为 6.2%，浙江为 3.2%。2006 年山东文化产业增长 13.3%，低于全国平均水平 3.8 个百分点，比增长最快的江苏更是低 14.67 个百分点。2. 文化产品供给与需求出现“战略性短缺”。与经济社会发展水平相比，山东省文化体制改革的步伐还相对滞后。尽管文化体制改革几乎与经济体制改革同时起步，尽管一再提出改革文化体制，但是适应市场经济的文化体制思路没有形成，无论对文化事业还是文化产业都管制过度，民营资本进入文化产业的通道依然不畅，具备“走出去”能力的文

① 陶彦霓：《文化体制改革与文化创新》，《云南社会科学》2004 年第 4 期。

化企业为数较少。文化管理体制存在种种“越位”“缺位”“错位”的弊病，导致文化产品生产和流通环节多，阻碍社会资本进入文化投资领域，文化产品（尤其是文创产品）与文化服务在数量和质量上都还不能充分满足人民群众的需求，出现“战略性短缺”。政府文化行政主管部门所谓实现从“办文化向管文化转变”后，由于相应的改革配套措施未能同步到位，这就使得政府文化行政部门实际上处在被架空的位置，无法有效行使政府文化管理职责，威胁政府的文化执政权威。3. 文化资源的整合能力相对较差，文化资源的优势并未转化成文化市场竞争强势。山东大量优良的文化资源集中于国有文化单位，文化资源大量闲置，文化资产运作水平和效率低下。良好的文化资源优势向产业优势、市场优势转化的能力较弱，文化资源开发利用缺乏技术性、融合性、超前性，按照工业化、市场化标准进行产业开发、制造和营销的水平不高。4. 资本要素发育相对滞后，严重制约文化产业的发展。山东文化产业的投资仍然以政府投入为主，尽管政府加大了投资，但是如果不能有效调动市场运作的积极性，也只是杯水车薪。①

有学者还指出，存在以上问题的主要原因在于文化体制的改革滞后于文化产业发展的实际。具体表现在：1. 文化管理仍然实行党政二元结构的管理模式。党委宣传部门在继续执行党管意识形态的同时，也承担起国有文化资产的管理责任。文化产业的体制性障碍和结构性矛盾并未在集团化改革过程中得到有效解决。2. 放松管制与加强管制出现错位现象。民营文化企业与国有文化企业的国民待遇不平等矛盾加剧，文化产业发展仍然缺乏足够的公共力量的有效支持。文化投资领域里的歧视政策，使得民营文化企业无法大展手脚。同时民营文化企业整体融资能力不强，无法和国有文化企业形成互补优势，使得文化产业综合竞争力难以形成公共合力。3. 文化资源管理政出多门，文化资源安全问题令人担忧。如前几年曲阜发生的用水清洗“三孔”文物，就体现了多头管理的弊端。4. 竞争、高效、统一、有序的市场还没有形成，行业、区域壁垒所导致的条块分割问题依然严重，发展环境依然不顺，有的地方甚至出现为了追求发展的短期利益

---

① 张蕴萍：《深化文化体制改革　促进山东文化产业发展研究》，《理论学刊》2009 年第 6 期。

而重新启动传统体制和机制的情况。

首先，文化体制的改革是宏观管理体制的改革，是不断打破旧体制，逐渐构建新体制的过程，这是文化创意产业发展的第一步。2010 年，原山东省委书记姜异康指出，要强化改革动力，打造文化体制改革的新优势，要加快经营性文化单位转企改制步伐，建立完善的现代文化市场体系，深入推进公益性文化事业单位内部改革，创新文化宏观管理体制。据统计，按照“五个一批”要求，2012 年底山东省 118 家国有文艺院团中，除 2 家保留事业体制、2 家原为企业性质外，114 家院团已全部完成改革任务。

其次，文化体制的改革还包括文化事业单位的改革。《中共中央国务院关于深化文化体制改革的若干意见》提出，文化企业单位的改革要以创新体制、转换机制、面向市场、壮大实力为目标，促进文化产业快速发展，满足人民群众多方面、多层次、多样性的精神文化需求。2009 年，山东高密市改变事业行政化管理模式，实现企业独立运作，全员聘任，竞争上岗，以岗定薪，调动了演职人员的积极性，财政供给从“养人”变为“养戏”。编排出的大型现代茂腔戏《甜水人家》，成为高密的文化品牌。当然，在文化体制改革的过程中，山东的文化领导班子一面充分肯定成绩，一面也在不断查找不足。比如，新兴文化产业比重少，传统文化产业比重多；高端研发创意产业少，低端生产服务多；骨干文化企业少，中小文化企业多，缺乏“航母级”的大型文化集团等。从细节上查漏补缺，力争使文化体制改革较为彻底。

再次，文化体制的改革还包括对公益性文化事业的改革。《中共中央国务院关于深化文化体制改革的若干意见》指出，公益性文化事业单位和政府扶持类事业单位承担着提供公共文化服务的重要功能，应由政府主导，改革主要以增加投入、转换机制、增强活力、改善服务为目标，努力构建覆盖全社会的比较完备的公共文化服务体系，实现和保障广大人民群众基本文化权益，提高全民族思想道德素质和科学文化素质。让公共文化服务体系惠及百姓，是山东的一贯做法。文化改革发展的过程，也是群众共建共享的过程。

据中国文化报报道，随着公共文化服务运行机制和投入方式实现创新，政府投入也向“花钱买服务，养事不养人”转变。2012年初，山东省级财政投入1.8亿元，确定2012年“文化惠民、服务群众”12件实事，为1.5万个农家书屋更新和添加新书、报刊，为1万个村（社区）建设、完善文化大院等，使广大基层群众真正享受到文化改革发展的最新成果。①

文化体制的改革解放了文化生产力，繁荣了文化事业，激发了文化产业的活力，也促进了文化产品尤其是文创产品的消费。然而，文化体制的改革是一个长期持续的过程。有研究者指出，文化体制改革还应注意以下几点：

1. 加强领导，健全机构。实行主要领导挂帅、从上而下、由外而内推动的改革方式，建立目标责任制，制定明确的路线图和时间表，建立完善的统计、监测、咨询系统。建立和完善文化体制改革领导协调机构，统一部署，有序推进。

2. 解放思想，分类改革。对传统意义上的公益与经营单位重新定位，制定科学标准，把是否顺应时代发展和群众需要作为是否需要政府支持的主要依据。制定文化事业单位中政治性与公益性的分类标准。

3. 优化资源配置，重塑文化市场主体。组建文化产业集团不能单纯地搞“以小凑大”，而是要通过优势文化企业扩张，实行跨行业，跨系统，跨地区的兼并、联合、重组来实现的。要以市场为导向，以资本和业务为纽带，运用联合、重组、兼并、上市等方式，整合优势资源，重点发展一批拥有自主知识产权和文化创新能力、主业突出、核心竞争力强的大型文化产业集团。

4. 转变政府职能，创新文化管理体制。要通过改革，精简政府机构，使政府职能实现“三个转变”，即由“办”文化向“管”文化转变，由管“微观”向管“宏观”转变，由主要管理“直属单位”向管理“社会”转变；尽快做到“两分开”，即实行政企分开、政事分开；充分发挥政府在文化管理方面的“四项基本职能”，即政策调节、市场监管、社会管理和公共服务的职能，逐步建立起党委领导、政府管理、行业自律、企事业单位依法运营

① 常会学、孟娟：《文化体制改革的“山东路径”》，《中国文化报》2012年11月15日版。

的文化管理体制。

5. 改革投融资体制，鼓励支持社会力量兴办文化产业。

6. 深化人事制度改革，建设一流的文化人才队伍。①

由此可以看出，促进当前文化产品尤其是文创产品的专业化生产、文化内涵的有效流通以及产品创意营销的关键点在于，如何促进文创产品的有效需求和高品位消费。

① 赵迎芳、周杰:《加快山东文化体制改革　提升山东文化竞争力》,《理论学习》2009 年第 6 期。

第三章　城市文化资本与文创产品审美化消费

城市是一个复杂而综合的有机体，它既包括都市建筑、城市园林、居民等有形的构成元素，又蕴含着城市文化、城市精神、城市记忆等抽象理念。不同单体城市的城市形象、地域艺术等文化特质以及相近城市群中的文化精神，在都市消费文化的语境下已形成了大众文化的独特魅力。在美学经济的推动下，大众文化在城市中蔓延，生发为城市文化软实力及文化资本。“文化资本一旦形成‘城市文化资本’的价值，其本身必然产生一种‘文化生产场’，它们是一个互为前提的发展模式——城市文化资本的发生与成长的过程就是‘文化场域’的成长方式互动转化的过程，这个过程的功能能够形成一种新‘文化炼金术’，既让人能够使已经存在的文化资源转化成文化资本，又要能够创造文化资源，并使之成为城市文化资本。”①

第一节　城市文化

城市是以非农业活动和非农业人口为主，具有一定规模的建筑、交通、绿化及公共设施用地的聚落。城市的规模大于乡村和集镇，人口数量大、密度高、职业和需求异质性强，是一定地域范围内的政治、经济、文化中心。②可见，城市，不仅是人类的居所，更体现着文化的印记。从原始蛮荒的筑巢而居到封建王朝的城堡都城，再到当今繁花似锦的大都市，在一定程度上来讲，城市的发展史就是人类文明的进化史。城市，是人类社会步入文明时代的标志之一。美国文化人类学家基辛父子认为，“没有城市，文明就很少有

---

① 张鸿雁：《城市文化资本论》（第二版），东南大学出版社，2010，第9页。

② 《中国大百科全书2》（修订本），中国大百科全书出版社，2004，第659页。

可能兴起”。[1] 城市，是历代先贤们政治、经济、文化和艺术的聚集地，也是市民生活形态的历史积淀，蕴含着丰富而鲜活的文化特质。在纵横交错的街巷中，城市空间的每一个方格都记录着城市自身的文化变迁，彰显着独特的文化魅力。

一、城市文化的形成及特点

城市文化是伴随着城市的发展而形成的，城市的发展程度、发展规模以及开放程度都会影响甚至决定着城市文化的形态。“城市文化形态的构成，包括城市的物质环境和城市的人文环境。城市文化是指城市外在形象与精神内质的有机统一，是历史文化和现代文化的有机统一，并且在物质环境和人文环境二者之间互为依存、双向互动中展现出完整的城市风貌。”[2]

城市是城市历史文化和现代文化的载体，也是城市文化精神的容器。依据城市的发展程度和地理位置，城市文化也相应呈现出不同的层次：作为表层的城市形象文化、作为中层的城市习俗和作为深层的城市性格。处于成熟形态的名城或老城，在城市习俗和城市性格方面都已形成较为稳定的文化特质，可作为城市文化发展的深厚资源。而新型城市，尽管在城市形象方面占据优势，但深层的城市文化特质，尤其是城市性格的形成尚需历史的不断沉淀与锤炼，方可形成特有的城市文化性格。

值得注意的是，城市文化的发展与城市的发展，二者之间并不存在必然的同步增长的正比例关系。一座经济繁华的都市，其城市文化的底蕴也许不及深藏于大山深处的一个小城。城市文化的特质并不取决于城市的发达程度，而重在城市文化的特色、传承以及受保护的程度。城市文化具有以下几个特点：

其一，城市文化特色的形成，受地域文化的影响。不同地域的地理特点、民族特性以及历史人文在潜移默化中都塑造着特定的文化时空，进一步强化着城市文化的特质，由此形成不同的城市文化类型。民族史学家林

---

① 陆学艺:《社会学》，知识出版社，1991，第222页。

② 单霁翔:《从“功能城市”走向“文化城市”》，天津大学出版社，2007，第50页。

惠祥先生就曾列举东夷文化、荆楚文化、百越文化、黎苗文化、山狄文化和氐羌文化来论述中华民族的起源，认为“中国文化盖以上古时华夏系之文化为基本要素，此种文化依次与其他文化接触而吸收之，吸收以后经一番错综混合而归于融化”①。城市文化是一个动态的概念，在不断变化的时空中，逐渐吸收、融合各种不同的地域文化，从而形成一个具有包容力的文化综合体。城市文化对地域文化或者外来文化的包容程度，在一定程度上决定着城市文化的活力。一座具有高度包容性的城市，必定是具有充沛活力的城市。因此，地域文化既体现着城市文化的底蕴，又开启着城市文化的未来。

其二，城市文化的形成不能脱离传统文化的根脉。任何城市的形成都不可能一夜拔地而起，同样，城市文化的形成也不是一蹴而就、骤然而兴的。无论何种城市文化，其形成和发展总要受到总体文化环境和其本民族文化传统的影响。伦敦的理性与自由离不开英国经验主义哲学中的理性传统以及英国君主立宪中的“宪章式自由”；巴黎的创新与批判来源于法国鲜明的国家意识和历来强调文化个性的人文传统；柏林的秩序与静穆总与德国重视规则、绝对理性的民族性格有关。传统文化的精华蕴涵着先代的文化智慧和民族性格，具有一定的稳定性和传承性，这是城市文化不断提升其境界和意蕴的根本。

其三，现代文化是城市文化不断发展的动力。21 世纪是人类文明跨越式发展的时代，也是文明互动加速的时代。不同文化之间的交流和传播以前所未有的速度相互对照、影响甚至融合。经济的全球化极大推动了不同国家的商品流通和信息更迭，不同国家和民族的文化类型也借着全球信息产业的高速发展而迅速传播。在快速融合的世界文化浪潮中，新的文化类型不断产生，现代文化为当今城市文化的发展注入了新的血液。如随着现代信息媒介的发展，互联网技术也成为当今城市建设不可忽视的力量。大型 LED 屏幕在城市主干道的出现，以及各种新媒体技术对都市夜景的渲染，都折射出当代城市文化的现代感。由此，城市文化在现代文化的参与下体现出越来越鲜明

① 林惠祥：《中国文化之起源及发达》，《东方杂志》34 卷七号，1937 年，第 177 - 194 页。

的文化创造性。

二、大众文化的魅力

“我们今天所说的大众文化是一个特定范畴，它主要是指兴起于当代都市的，与当代大工业密切相关的，以全球化的现代传媒（特别是电子传媒）为介质大批量生产的当代文化形态，是处于消费时代或准消费时代的，由消费意识形态来筹划、引导大众的，采取时尚化运作方式的当代文化消费形态。它是现代工业和市场经济充分发展后的产物。是当代大众大规模地共同参与的当代社会文化公共空间或公共领域，是有史以来人类广泛参与的，历史上规模最大的文化事件。”① 大众文化是现代工业社会高度发达的产物。

随着现代市场经济的发展，伴随着高科技而产生的是纷繁复杂的物质文化消费——文化成为商品，成了消费的对象。因而商品性是大众文化的首要特点。在物质文化消费中，文化作为商品被大量生产和销售，大众文化活动成了一种伴随商品买卖关系的消费行为。通俗性是大众文化的第二个特点。斯道雷（John Storey）在概括大众文化的6种定义时提到，大众文化有两种称谓，一是带有文化工业标准化的Mass Culture（大众文化），二是带有褒义和民间色彩的Popular Culture（通俗文化）。后者体现了大众文化的受众群体不是具有较高社会等级的阶层，而是散在的、居于大多数的普通民众。媒介性是大众文化的第三个特点。大众文化的产生和传播都依赖于大众传媒，是一种现代传播文化。尤其在当今以影视等视听媒介以及以互联网为互动体验媒介的时代，大众文化在高速的信息传播中体现出了裂变式的乘数效应，在与流行文化融合的过程中，又呈现出娱乐性的功能特点。理查德·汉密尔顿直接以流行艺术来描述大众文化的特点，他认为：“流行艺术是通俗的（为大众欣赏而设计）、短命的（稍现即逝）、消费性的（易被忘却）、廉价的（大批生产的）、年轻的（对象是青年）、诙谐的、色情

① 金元浦：《大众文化如何定义》，《中华读书报》2001年7月4日版。

的、机智而有魅力的恢弘壮举……”①

大众文化的商品性、通俗性、媒介性以及娱乐性的特点消解着传统文化的特质，尤其是精英文化的特质。在传统文化中，精英文化解决的是人类生存的高级需求，在实现人的自身价值、发掘自身潜力方面进行精神提升和美的建构，实现对人性的终极关怀。而大众文化的大批量生产、平面化、复制性都导致了文化的简单、平庸乃至缺乏个性。因而，在西方思想史上出现的法兰克福学派就曾极力批判大众文化。如麦克唐纳（Mcdonald，B.）就贬低了大众文化，说“它是一种低级的、琐细的文化，同时出现了深层的现实（性、死亡、失败、悲剧）和质朴自然的快感，……因而也是不稳定的欢乐、悲剧、巧智、变化、独创性以及真实生活的美”②。然而，与法兰克福学派对大众文化的批判不同，为大众文化进行辩护的思想依然存在，并影响深远。英国马克思主义批评家特里·伊格尔顿在“什么是共同文化”一文中就对法兰克福学派利维斯的观点提出了质疑。伊格尔顿认为，利维斯追缅“有机”社会，只能是少数精英分子的看法，是典型的19世纪自由人文主义的延续，而大众文化的发展势头既终结了阿诺德文化传统中阶层森严的保守主义，也终结了利维斯式的依靠少数几个正人君子，在一成不变的非个人社会中维系个人发展的自由主义。因而，大众文化打破了精英文化的保守和等级，体现了文化对所有民众的开放性。

大众文化对普通民众的开放性正反映了文化对社会的真正民主。德国哲学家瓦尔特·本雅明（Walter Benjamin）在《机械复制时代的艺术作品》（1935年）一书中，以复制艺术为例赞扬了大众文化的革命和解放意义。本雅明指出，随着摄影术、广播、电影等机械复制技术的发明，艺术和其他商品一样能够被大量复制，艺术的性质和功能都发生了深刻的变革，“复制技术把所复制的东西从传统的领域中解脱了出来。……由于它使复制品能为接受者在其自身的环境中加以欣赏，因而它就赋予了所复制的对象以现实的活

---

① 李姝：《波普建筑》，天津大学出版社，2004，第10页。

② Mcdonald，B.，*Mass Culture*，*Rossburg Popular Culture*（New York：Freedom Press，1957），pp. 72 – 73.

力”①。在本雅明看来，艺术作品的起源离不开对宗教巫术礼仪的膜拜，大规模的机械复制技术使艺术作品的展示性大大增强，艺术在传统意义上的膜拜价值逐渐减弱，并让位于展示价值。本雅明说，“艺术作品的可机械复制性在世界历史上第一次把艺术品从它对礼仪的寄生中解放了出来”，“随着单个艺术活动从礼仪这个母腹中的解放，其产品便增加了展示的机会”。② 尽管本雅明也曾感慨机械复制技术导致了传统艺术作品“灵韵”（Aura）的消失，艺术作品不再具有独一无二性，艺术成为可被无限复制的摹本，然而他又提到，“当艺术创作的原真性标准失灵之时，艺术的整个社会功能也就得到了改变。它不再建立在礼仪的根基上，而是建立在另一种实践上，即建立在政治的根基上”③。即，艺术不再是中产阶级的特权，也可以为大众所享用。并且，艺术在被普通民众所享用的过程中获得了一种普世价值。有学者评析道，“从本雅明对现代机械复制手段及照相摄影和电影艺术的肯定性的分析看，他对大众艺术同样持有肯定的态度，而且把以现代机械复制技术为前提的现代大众艺术的出现与发展视为社会进步的表现。他明确提到，艺术品的机械复制性改变了大众与艺术的关系。最保守的关系（例如毕加索）变成了最进步的关系（例如卓别林）”④。本雅明把机械复制技术看成一种革命性的力量，它催生了新的艺术样式，拉近了大众与艺术的距离，使艺术从精英艺术的框架中解放出来，获得一种空前的世俗性力量。

大众文化的世俗性力量在英国伯明翰学派看来就体现在平民的日常生活中。形成于20世纪60年代的英国伯明翰学派尤其关注日常生活中的大众文化和大众传媒，抵抗并规避占统治地位的官方意识形态的权力运作，呼唤对大众群体的人文关怀，倡导文化在大众日常生活和社会中发挥作用。伯明翰学派的第一代人物霍加特（Richard Hoggart）、威廉斯（Raymond Williams）和汤普逊（E. P. Thompson）等站在民众的立场上，对大众文化给予了肯定。

---

① ［德］本雅明：《机械复制时代的艺术作品》，王才勇译，中国城市出版社，2001，第10页。

② ［德］本雅明：《机械复制时代的艺术作品》，王才勇译，中国城市出版社，2001，第93、95页。

③ ［德］本雅明：《机械复制时代的艺术作品》，王才勇译，中国城市出版社，2001，第94页。

④ 刘书亮：《电影艺术与技术》，北京广播学院出版社，2000，第25~26页。

霍加特在《文化的用途》一书中认为，20世纪30年代的工人阶级文化表达了强烈的群体意识，创造了饶有趣味的日常生活，因而是一种“合法”的文化。威廉斯在《文化与社会》中探讨了“大众”与“大众传播”的内涵，倡导以大众传媒建立一种“民主的共同文化”（a democratic common culture），让社会文化在各个阶层雅俗共赏。第二代伯明翰学派的思想家斯图尔特·豪（Stuart Hall）和约翰·菲斯克（John Fiske）从流行文化、电视媒体、广告、通俗小报、购物商场、麦当娜现象等具体的大众文本出发，肯定了大众文化对日常生活的参与性、娱乐性，肯定了大众文化对社会变革的潜在意义。斯图亚特·豪以葛兰西的“霸权理论”为基础提出了编码、解码理论，借以批判官方主流意识形态的权力结构对大众文本的主导和霸权，揭示大众文化接受过程中的“优势意识形态”现象。约翰·菲斯克指出，文化与日常生活可以有多个切入点，能产生共鸣的才可称得上是大众文化，“因为人们的日常生活体验是不断变动的，而且，个人的社会效忠从属关系也在变动之中，所以，这些切入点必定也是多元和短暂的，受到社会而非文本因素的影响”①。此外，菲斯克对传媒受众（阅听人）能动性、主动性、创造性的重视，也体现了他对大众文化的平民主义立场。费斯克在罗兰·巴特“文本理论”的基础上提出了大众文本（popular text）和生产性文本（the producerly text）的主张。与官方文本不同的是，这种生产性文本是一种“大众性的作者性文本”（popular writerly text），受大众消费群体——阅听人所支配和创造，因而是一种开放性的文本。费斯克说，“这种文本为大众生产意义所用，尽管它并不情愿，但仍然让读者看到它预设意义的脆弱和局限，它包含着与设定声音不同的其他声音，尽管它同时又力图淹没那些声音。这种文本的复杂意义不是其自身所能控制得了的，大众文本内部存在的一些裂缝大到足以使阅听人从中产生出新的文本。也就是说，它是一种受阅听人控制的文本”②。无疑，在大众文本中，传媒受众不仅是文化的消费者，更是文化的创造者。无论是本雅明还是伯明翰学派，大众文化的受众都起着建设和创

① ［美］约翰·费斯克：《理解大众文化》，王晓珏等译，中央编译出版社，2001，第155页。

② John Fiske. *Understanding Popular Culture*. (Longdon and New York: RRoutledge Press, 1989). pp. 104 - 105.

造的积极意义。这正是与法兰克福学派的精英主义立场的不同之处，也是大众文化的魅力之所在。

第二节　美学经济与城市文化软实力

城市文化消费的语境下，产品已不再是一种具象化的物质实体，而是融合了审美体验等消费者情绪的文化综合体。产品的功能也不限于使用价值和交换价值，而是具有了第三种形态的价值——审美价值。在“审美经济”中，审美价值构成了美学经济的核心价值，也成为城市文化软实力的关键要素。

一、城市文化软实力的构成体系

软实力（Soft Power）的概念源于政治学术语，由哈佛大学肯尼迪学院约瑟夫.奈（Joseph S. Nye，Jr）提出，用来指依赖塑造与影响他人偏好的能力来吸引或说服别人相信和同意某些行为准则、价值观念和制度安排，即按照吸引而非强迫或收买手段达到已方意愿的能力。约瑟夫·奈认为，“软实力”包括文化、意识形态和社会制度等这些无形力量资源，其中文化软实力占据核心地位。据此，国内学者陶建杰把“城市软实力”界定为：反映城市在参与竞争中建立在城市文化、城市环境、人口要素、社会和谐等非物质要素之上的，包含文化号召力、教育发展力、政府执政力、城市凝聚力、社会和谐力、形象传播力、区域影响力、环境舒适力等在内所形成的合力。城市文化作为城市软实力的核心要素，不仅为城市发展提供内在动力和智力支持，扩大城市的影响，增强城市的吸引力，更为生活在城市中的人们提供宜居的生存环境和良好的文化氛围，朝着“诗意的栖居”的生存理想而努力。

城市文化是一个综合概念，因而城市文化软实力也是一个具有庞大构成体系的集合体。关于考察城市文化软实力的构成要素，济南大学徐艳芳认为，要从静态现象和动态形成两个方面来全面审视。静态现象方面，要考察城市文化软实力的来源、表现形式；动态发展方面，又要关注城市文化软实力的运动和发展路径。牛继舜将城市文化软实力分为文化资源力、文化生产力、文化传播力、文化凝聚力、文化创新力、文化吸引力和文化影响力七个方面。① 笔者根据目前现有研究成果，提出城市文化软实力由4个相互链接的文化层构成，如图3－1所示。

城市文化软实力的基础层是城市文化软实力的基础，主要包括各种文化基础设施，如图书馆、影剧院、博物馆、文化馆、体育馆、俱乐部、少年宫及各种公共文化设施等，同时还包含城市中的各类文化遗产、重点文物、名胜古迹、园林古建筑等。这些基础文化设施和物质文化资源构成了城市文化软实力的“元基础层”，是城市文化的重要载体。

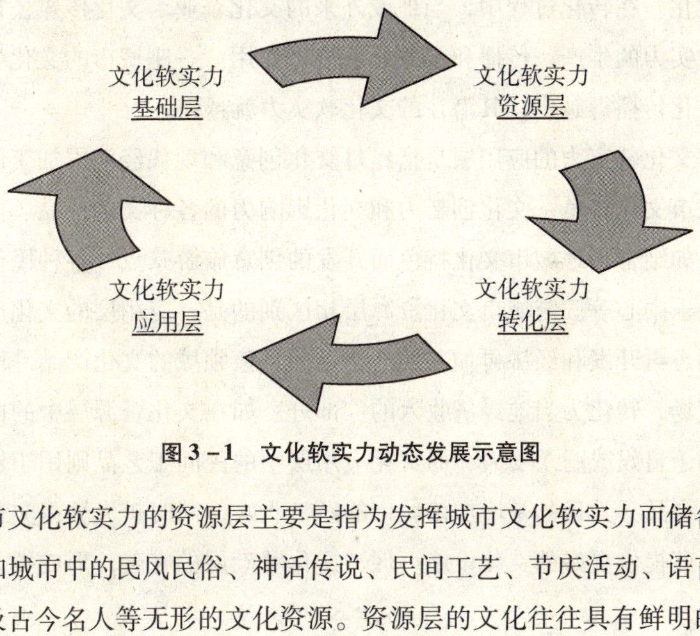

图3－1　文化软实力动态发展示意图

城市文化软实力的资源层主要是指为发挥城市文化软实力而储备的文化资源。如城市中的民风民俗、神话传说、民间工艺、节庆活动、语言、风味餐饮以及古今名人等无形的文化资源。资源层的文化往往具有鲜明的地域特色，具有很强的文化吸引力，不仅能吸引游客，带动当地旅游产业的发展，同时也吸引企业和人才，促进当地经济和文化向更高层次迈进。以位于浙江东阳市的横店影视城为例，这座被誉为“中国好莱坞”的影视城，不仅塑造了东阳这座小城的城市文化特色，更为这座城市的全面发展形成了文化软实力的产业效应。据悉，横店影视城有限公司在东阳市设立影视拍摄基地，拥

① 牛继舜：《世界城市　文化力量》，经济日报出版社，2012，第54－59页。

有旅游景区、营销公司、汽车服务公司、制景装修公司等20家子公司，带动了当地餐饮、服装、旅游、娱乐等相关行业的发展，形成了以影视拍摄为特色的城市文化软实力。

城市文化软实力的转化层是指能够将城市文化资源转为现实应用的相关文化生产企业、文化传播企业、学校以及政府决策部门。在城市文化中，并不是所有的城市文化资源都能转化为现实的生产力，这要依赖于当地政府部门对其重视程度以及文化企业对其开发程度。城市文化软实力的实现要靠文化生产和文化服务来对当地的文化资源要素进行科学、合理的配置，将城市文化在宣传、传播中得到最大推广，以城市知名度的提升来实现文化资源效益的最大化。在转化过程中，当地或外来的文化企业、文化传媒公司都对城市文化软实力的生产、传播和服务起着关键作用。一座城市的文化生产能力越强，文化传播得越广，其潜在的文化软实力就越强。

城市文化软实力的应用层是指经过文化创意和现代经济再加工的，并且体现该城市文化特色、文化创新力和文化影响力的各种文创产品、文化服务项目等。如结合当地城市文化特色而开发的创意旅游景点、各种民俗工艺品及现代娱乐中心等。与城市文化资源层相区别的是，应用层的文化产品是经过文化创意再开发和经济再加工的产物，并且该领域的文化产品一般直接参与文化市场，转化为当地经济收入的一部分。如在文化资源层中的民间工艺品一般用于自娱或赠予友人，而文化应用层中的民间工艺品则用于销售，是一种文化商品，其目的是增加该城市的经济收入，同时扩大城市文化的影响力，并以此提供更好的文化设施，促进文化基础层的完善，形成城市文化的良性循环。

二、美学经济对城市文化软实力的提升

2001年，德国学者格尔诺特·伯梅（Gernot Bhme）在《审美经济批判》中提出了“审美经济”的概念，提出继农业经济、工业经济之后，人类经济的发展进入了审美经济的时代。在审美经济中，产品的价值体现为交换价值、使用价值和审美价值的统一。伯梅关于“审美经济”的观点得到了学界的强烈响应。英国学者大卫·罗伯兹（David Roberts）在《只有幻象是神圣

的：从文化工业到审美经济》一文中认为，在审美经济时代，商品的卖点往往不是其使用功能，而是一种主观化的情感体验，是一种情调或氛围，甚至是一种梦想。与此相似的是，我国台湾当代美学家詹伟雄通过对台湾社会生活细节的60个微型观察后得出："消费的无穷尽扩大，构成了大众消费社会，也由于消费者对商品符号的永恒迷恋和沉醉，大众消费社会必定是一个'美学的经济'。在其中穿针引线的枢纽不再是理性化的推敲和计较，而是消费者和生产者相互捉迷藏的'美学能力'。"① 在当今"美学泛化"的情形下，传统严肃哲学领域的美学正以前所未有的亲和力走下神坛，出现于日常生活的每个角落。在日常生活审美化的情境里，美学的应用更为普遍，美学的更新与传播也更为迅速，审美正以一种无形的文化力量改变着我们的生活环境，并诠释着新的生存意义。

城市生活场域中，艺术公园（Urban Art-Park）和各种自然景观正以无穷的艺术创意展示着传统美学尤其是道家山水美学对城市公共景观的形象塑造。在现代快节奏的城市生活之中，人们更渴望在被"填满"的生活状态中寻求大自然的气息，希冀在悠闲的自然环境中寻觅一份内心的安宁。因此，艺术便以一种意识革命的方式被广泛引入了城市，用以美化城市环境，构建自然化的"新城市空间"。同时，别具个性的现代建筑也正以新的美学方式传达着城市文化的意义。各种办公大楼已逐渐脱离了枯燥单一的"盒子"样式，开始寻求更具诙谐趣味的美学样式，如美国某城市的船屋、南非某城市的鞋屋、迪拜的摩天大楼等。如此别具一格的建筑风格，已成为该城市最具特点的文化名片，强化了城市文化形象，也增强了城市吸引力。

当艺术介入城市，城市便成了艺术的舞台；当城市拥有了艺术，艺术便成了城市腾飞的翅膀。芒福德说，"在过去5000年间，城市经历了许多的变化，毫无疑问，今后还要经历更大的变化。但是，迫切需要的革新并不是物质设备方面的扩大和完善，更不在增加自动化电子装置来把剩余的文化机构疏散到无一定形式的郊区遗骸中去。正相反，只有通过把艺术和思想应用到城市的主要人类利益上去，对包容万物生命的宇宙和生态的进程有一种新的

---

① 詹伟雄：《美学的经济——台湾社会变迁的60个微型观察》，中信出版社，2012，第40页。

献身精神，才能有显著的改善”①。可见，城市与“美”有着天然的联系，并且二者有互为发展的基础。在城市文化软实力的构成体系中，审美作为城市文化由资源层向转化层、应用层转变的催化剂，对于城市形象的美化、城市文创产品的创新，都具有重要作用。审美与城市文化融合，生成城市审美文化，成为当代城市文化软实力的重要组成部分，也成为当今构建特色文化创意产业的重要文化资源。

在城市审美文化中，时尚是流行文化的缔造者，引领着城市文化的前沿，是城市文化中最为活跃的部分。时尚审美对城市的文化定位以及城市文化精神具有潜在的影响。美国《纽约时报》的知名编辑艾米·斯宾德勒（Amy Spindler）对于日本东京的印象是，日本“正在快速变成真正的‘国际时尚之都’……不像伦敦的朋克和摩斯（mods）或者是启迪了日本东京街头服饰的美国说唱文化，东京的时尚运动背后没有政治因素。……在这里，时尚是生活的中心，这里的一切都真实地说明，穿着它的人热爱时尚”②。美学缔造的服装风格又成为城市文化中最靓丽的一道风景线，彰显着城市形象的独特魅力。可以说，某种意义上，一个城市中特定阶层的服饰美学风格也是这座城市文化精神的反映。以 20 世纪 40 年代的上海为例，随着外贸经济的繁荣，当时西方上流社会的风俗文化也不知不觉渗透到了上海的市井民众中，形成了上海摩登男性独有的“老克腊”做派。“老克腊”据说是“Old Class”的音译，意思是没落的上流阶层，其做派是追求尽量考究的生活，尤其是细节上的考究，对生活品位和生活格调极为讲究。尽管这种做派在当时的专政年代遭到了无情打击，但某些服饰风格一直固定不变：梳着油光可鉴的头发，优雅的步履配上一双白色的尖头皮鞋，消瘦的体形加挺直的腰板，以及面对异性的殷勤和热情。老克腊的这种保持体面和优雅的癖好，成为上海都市男性的典型特征，并且成为海派文化精神的一部分。

① ［美］刘易斯·芒福德：《城市发展史——起源、演变和前景》，宋俊岭、倪文彦译，中国建筑工业出版社，2005，第 585－586 页。

② ［美］弗吉尼亚·波斯特莱尔：《美学的经济 2——美国社会变迁的 32 个微型观察》，马林梅译，中信出版社，2013，第 17 页。

第三节　布尔迪厄论艺术的资本势能

艺术场域的独立性和依附性决定了场域内和场域外是研究艺术的两种视角。资本与艺术的关联既是一个历史的问题，也是当下的时代性问题。知识经济时代，文化成为资本。借以布尔迪厄的“文化资本论”，艺术呈现出资本的势能。

康德在《判断力批判》中提出的“审美无利害性”的命题在一定程度上体现了艺术的独立性。于是，在相当长的一段时期内，关于艺术价值的评判便总与“审美的无利害性”命题相关。在仍以主客二分的二元对立的思维模式中，无论是“价值的相对论”还是“价值的怀旧说”，艺术价值的核心思想总是指涉着主体的范畴，即认为艺术是对于主体而言的一种“无目的的合目的性”。但是，也正如康德所开创的批判系统一样，其“审美无利害”的思想也遭到了许多人的批判。如黑格尔认为，在康德那里，概念与对象、目的与手段只能是思想领域中的统一，而实际上，这种统一也应该存在于现实世界之中。阿多诺也说：“如果康德所谓的无利害性并非完全是无动于衷或漠不关心（indifference）的同义词，那么它不得不包含某种无拘无束的利害感的痕迹。”① 因此，撇开对康德思想的单称判断，与其说艺术审美的“无利害性”思想是对艺术的一种理性陈述，不如说这是一种对艺术“理想”的非理性式的希冀。因为，康德论述“审美无利害性”命题的前提之根本就是建立在对艺术与现实的比照基础之上的。而这在美学史中，就表现为艺术价值论与艺术功能论两条脉络的自相冲突，即艺术价值论强调艺术的自律性和与他者的无关性，而艺术功能论又强调艺术对他者的作用，艺术在与他者的观照中映射出自我。这种内在矛盾也充分说明了布尔迪厄的艺术社会学逻辑，艺术并不是一个清高、孤立的自我，艺术是“社会炼金术”的产物，是在与现实世界的他者相互关联的关系性存在。而这个“现实世界的他者”，当然也包括在现代社会中愈来愈凸显的因素——“资本”。

① ［德］阿多诺：《美学理论》，王柯平译，四川人民出版社，1998，第19页。

一、历史语境下艺术与资本的关联

艺术与资本的关联并不是一个无中生有的理论假设，而首先是一个历史的问题。当代英国剑桥学派思想史家昆廷·斯金纳的“历史语境主义”提示我们：“如果我们希望以一种真正的历史意识来写观念史，那么首要任务之一是把研究的文本放在知识背景中，以便我们理解作者在写作文本时正在做什么。……要运用历史研究最为通常的技术去抓住他们的概念，追溯他们的差异，恢复他们的观念并且尽可能地以思想家自己的方式来理解他们。”① 所以，历史语境在此成为研究艺术与资本关联的第一个向度。

以经济学的观点来说，资本产生的前提在于交换。而交换的前提又在于社会分工和私有制的出现。据考证，在我国，商业意义上的交换行为始于商朝时期。这与原始社会中的三次社会大分工是分不开的。第一次大分工是畜牧业与农业的分离，这使得专门从事农业和畜牧业的分部落出现，并且各个部落可以以物易物、互通有无。第二次大分工使手工业从农业中分离出来，由此伴随的是私有财产的出现以及精神生产的独立。王国维在《宋元戏曲考》中有对专职乐师的记载，“古代之优，本以乐为职，故优施假歌舞以说里克”②。第三次社会大分工，出现了以货币为媒介物，专门从事商品交换的商人，形成了“日中为市，致天下之民，聚天下之货，交易而退，各得其所”（《周易·系辞下》）的交易盛况。在这里，货币作为交换的媒介，意味着独立的商业行为已正式形成。

然而，从中国的货币发展史上我们发现，早期商业行为中作为一般等价物的货币——“贝币”（Cypraea moneta），却与艺术品有着密切的关联。郭沫若先生在《甲骨文字研究·释朋》中提到，殷代的青铜器毌鼎、父丁骊、祖癸鼎、父乙盘中都有佩戴海贝项链者的形象。这充分说明了海贝的用途之一在于装饰性。此外，李亚农先生在其史论集篇章《殷代社会生活·殷代社会的经济状况》中断定，那个戴着海贝项链的人，就是带着贝币去做生意的

① Quentin Skinner: *Visions of Politics* (*Volume one*: *Regarding Method*). (Cambridge: Cambridge University Press, 2002), pp. 3.

② 王国维：《宋元戏曲史》，中国和平出版社，2014，第3页。

人。戴志强先生在系统考察安阳殷墟出土的贝壳之后，认为“在殷商，贝不仅仍然是一种装饰品，更重要的是已成为一种实物货币”①。如此看来，作为早期装饰艺术品的海贝同样也作为一般等价物而履行着货币的职能。所以，在此，艺术品本身就成了资本。然而问题的关键是，为什么艺术品能充当资本？或者具体地说，为什么殷人会选择海贝作为货币？马克思在《资本论》中说：作为一种特殊商品的货币，“货币作为资本先是预付在各种生产要素上，由这些生产要素转化为商品生产，这种商品产品再转化为货币”②。据现有的民族学资料来看，海贝等装饰品早期往往是男子赠予女伴的渔猎之物，以便用来显耀自己的渔猎技能和男性魅力。这是海贝作为非货币意义上的最初“交换”。而海贝作为货币意义上的一般等价物，之所以成为殷代的货币，是由于殷国深居内陆，海贝非本地所产，是外来品。殷人要取得它，需要长途跋涉，花费较多的劳动。此外，海贝坚实滑润、有着珍珠般的光泽，携带方便，易于保存，十个一系的“贝朋”又有计算方便等优点。因此随着早期商品交换的发展，它就逐渐代替了那些在物物交换中变成“最早的货币”形式的，如牛羊、粟帛等的特殊使用价值，而成为一般等价物。可见，资源的稀缺性以及海贝与其他物品的差异性是海贝艺术品能充当货币的前提。

而且值得注意的是，海贝作为装饰品和货币的现象不仅出现在中国。全世界的其他民族和地区，如印度、缅甸、斯里兰卡、印度尼西亚、澳大利亚，以及欧洲、北美、非洲沿海等地区的旧石器时代和新石器时代遗址都有过用贝的遗迹。其中非洲沿海、新几内亚（现分别属于巴布亚新几内亚和印度尼西亚）北部的岛屿和所罗门群岛等地都曾经将贝当作货币使用过。而中国的云南地区在 9 至 17 世纪之间一直都使用贝币。此外，中国古代社会中许多技艺精湛的玉器、竹器等都不是为了本部落的使用，而是用来交换。③

---

① 戴志强：《安阳殷墟出土贝化初探》，《文物》1981 年第 3 期。

② 中共中央马克思恩格斯列宁斯大林著作编译局：《资本论》（第 2 卷），人民出版社，2004，第 107 页。

③ 参见《中国经济思想简史》编写组：《中国经济思想简史》（上），上海人民出版社，1979，第 3 页；林耀华：《原始社会史》，中华书局，1984，第 322 页。

在西方文艺复兴时期，对艺术的推崇也总是与金钱相对照。1435 年，列昂·巴蒂斯塔·阿尔贝蒂甚至声称绘制的泥金要比真金昂贵的多。因此，历史上这种种将艺术品与经济现象相连的普遍现象足以说明，艺术与资本并不绝缘。换言之，贝币的出现也以朴素的事实彰显了现代经济学的一般逻辑，即稀缺性和差异性是资本增值化的前提，而艺术无疑具有更多的经济附加值。

二、现实语境中艺术与资本的相遇

倘若我们还以唯物主义作为世界观，那么就不能忽视现实的力量。瑞士现代语言学家索绪尔开创的文本的语境研究的学术传统，同样告诉我们“现实语境”（context）的重要性，自此它开启了本文研究的第二个向度。

从现象描述上来说，当今时代，艺术与资本的对接已成为普遍的社会事实。随着商品社会中人们欲望的膨胀，越来越多的人开始坚信哈耶克的那句话：在资本主义社会，创造财富的是资本而不是劳动。反映在艺术领域，这便体现在资本对艺术的介入：无数的艺术区、画廊、拍卖行的相继涌现。且不说艺术市场的泡沫状繁荣背后的体制问题，单就这种局面来说，也从侧面说明了资本的魔力。本雅明曾以艺术怀旧主义的情结感慨机械复制时代艺术灵韵的消失，然而他也同时肯定了机械复制技术对摄影、电影艺术发展的深刻影响。大众艺术的勃兴也足以说明，技术的到来不是艺术的堕落，而是艺术精神的一次平民化。如果说，技术的到来是对艺术的第一次冲击，那么资本的介入可算是艺术界的第二个震撼。无论是欢喜也罢，忧愁也罢，在文人的唾骂声中和艺术投资者的鼓噪下，“资本”还是如约在艺术舞台上闪亮登场。

不可否认，资本对艺术的介入，引起了艺术界的极大波澜。这首先表现在对传统艺术价值评价标准的冲击，这或许也是学界再度兴起“艺术价值讨论热”的原因之一。其次，资本对艺术的介入也是对精英艺术地位的再度颠簸，同时也是对“高雅”美学范畴的再次质疑。在当今的现实境遇里，除了艺术市场中的资金获利者在积极地接纳“资本”的捧场外，艺术界的其他人士基本持否定态度。然而，对任何事物的评判都如硬币的正反面，我们需要的是辩证的态度。当代新秀学者胡继华说，“资本介入艺术的过程，它是解构的力量，也是建构的力量”，建构主要是经典的新经典化以及精英文化价值观念大厦的重新确立。[①] 大浪淘沙才见金。从某种意义上说，只有经过异质因素洗礼的文化样式才能更坚韧地恪守自我的本质规律。艺术不是温室里的花朵，“日常生活的审美化”也并不是一个当代理论的偶然发现，古时的人们早已践行过这个命题，只不过没有以系统理论的形式被提出。

在艺术领域中，究其对资本的偏见，除了商品市场本身运转所无法避免的自身诟病以及当前艺术市场建制的不完善性外，还有观念上的狭隘性。

其一，是来自学界多数人士对现实语境和时代际遇的模糊认知：在思维模式上仍停留在传统经济时代，稍乐观一点的是托夫勒看到了以高科技发展为依托的“后工业经济”（美国社会学家丹尼尔·贝尔称为“后工业化社会”），而没有意识到由新经济增长理论所带来的“知识经济”（The Knowledge Economy）时代的来临。新经济增长论的倡导者美国经济学家罗默（Paul M. Romer）认为，知识的积累是经济增长的内生的独立因素，是经济增长的源泉，知识可以提高投资效益。另外一位新经济学家卢卡斯（Robert Emerson Lucas，Jr.）也同样看到了知识的资本效益，认为作为知识的承载者——人，具有重要的作用，因此人力资本也成为重要的资本因素。从含义上说，知识经济并不是一个严格的经济学概念，而是一种集体的认知，由1996年经合组织（OECD）以发表报告的形式确定。该报告（《以知识为基础的经济》）将知识经济定义为建立在知识的生产、分配和使用（消费）之上的经济。在这里，知识是一个综合的系统，包括信息、科技、文化等一切与创新有关的知识，当然艺术也应在其中。

其二，对资本概念的理解常以狭义的经济资本代替了广义的资本概念。“布尔迪厄指出，我们不应该像经济主义那样，仅仅看到一种资本形式即经济资本。构成社会界的结构性因素的，是一切形式的资本。”[②] 作为影响最

---

① 翟默、胡继华、杨斌：《艺术遇到资本：有理能否说清》，《美术观察》2004年第7期。
② 薛晓源、曹荣湘：《全球化与文化资本》，社会科学文献出版社，2005，（导读）第2页。

为深远的社会学家之一，皮埃尔·布尔迪厄（Pierre Bourdieu）围绕其基本的“习性”“场域”概念，在《资本的形式》一文中提出了“文化资本”的理论假设，用来解释出身于不同社会阶级的孩子所取得的学术成就的差别。然而这个出于社会学领域的“文化资本”概念，却以其隐喻性和启发性而在其他学术领域得到迅速演绎，从而形成一个新的问题序列。布尔迪厄认为：“资本是积累的劳动（以物质化或‘具体化的’、‘肉身化的’形式），当这种劳动在个体性即排他的基础上被行为者或其集合占有的时候，他们就能够以具体的或活劳动的形式占有社会资源。”① 资本可以表现为三种基本类型，经济资本、文化资本和社会资本，并且三种资本类型可以相互转换。在这三种资本类型中，布尔迪厄认为文化资本是考察、反思当代资本主义社会形态的最佳切入点，因此也最为布尔迪厄所倚重。尽管布尔迪厄并没有明确对文化资本加以定义，但是他指出了文化资本的三种存在形式，即（1）具体的状态，以精神和身体的持久性情的形式；（2）客观的状态，以文化产品的形式（图片、书籍、词典、工具、机器等），这些商品是理论留下的痕迹或理论的具体显现，或是对这些理论、问题的批判，等等；（3）体制的状态，以一种客观化的形式，这一形式必须被区别对待（就像我们在教育资格中观察到的那样），因为这种形式赋予文化资本一种完全是原始性的财产，而文化资本正是受到了这笔财产的庇护。可见，布尔迪厄的文化资本与文化资源、文化商品、文化权力是相互对应的，“资本”成为一个拓展性的概念。因此，布尔迪厄的“文化资本论”成为当今知识经济时代下对社会解码的最好利器。

三、艺术场域中艺术的资本势能

如果说以上论述的两个向度是针对艺术场域外的，那么我们也应以艺术场域的内部视角来论述艺术与资本的关系。

在布尔迪厄看来，行动者所拥有的习性和资本，必须要在特定的场域中才得以开展。场域是伴随着帕森斯所说的社会分化过程而出现的一个个具有

① 薛晓源、曹荣湘：《全球化与文化资本》，社会科学文献出版社，2005，（正文）第3页。

相对独立性的“分子小社会”，它们有自身的逻辑和规则，各个场域不断在于其他场域的区别中强化着自我的独立性，从而彰显着隐蔽的文化权力。布尔迪厄的场域理论中涉及了阶级生活方式场域、名牌高校场域、民居场域、知识分子场域、法律场域、科学场域、权力场域，而其研究的最为成功的要属文学与艺术场域。

布尔迪厄说，资本的三种形式即经济资本、文化资本、社会资本三者之间起决定作用的是经济资本，三者之间可以以经济资本为媒介而相互转换。但是或许是受结构主义观的影响，布尔迪厄认为，三者转换的最终结果又不是简约化的经济主义，而是在于其他资本形式的相互关联的关系性存在。择其转换形式的一种，本书关注的是文化资本如何向经济资本和社会资本转换。

艺术场域中最重要的资本就是文化资本。那么，在艺术场域中，艺术如何显示出资本势能的？这应先从经济资本的转化来谈。

首先，文化资本的第一种形式，即具体化了的文化资本（我们可将其理解成作为精神传统的资本）如何转化为经济资本的？布尔迪厄认为，具体化了的文化资本具有以下四个特征：一是个体性。任何文化资本的习得都得靠其本人亲力亲为，不能由金钱、产权和贵族头衔等代替，这是一种个人习得。二是无意识性。三是独特性。文化资本的获得总是带着最初条件的印记，以此决定了在后天文化习得中与其他文化资本的区别。四是符号性。布尔迪厄将资本类型（经济、文化、社会三种资本）中被认可的形式称为“符号资本”。符号资本具有隐蔽性，但同时它也是具有社会权威的一种文化权力。在这四种特性之中，我们可以将第一种与第三种合二为一，理解为艺术的个性、独特性，这是文化资本的第一个特征。显然，艺术区别于文化系统中的其他样式的重要标志就是艺术的独特性。她总是以标新立异的姿态张扬着个性自我，也不断创造着自我，在个性之中不断孕育创新的因子。文化资本的第二个特征，即无意识性，显示的是艺术含蓄、无形却时刻具有陶冶性的隐形的能量辐射，也正如本雅明所谓的艺术的灵韵。而历史上一度作为精神病史研究材料的“大卫综合征”现象足以说明艺术灵韵的魔力。“大卫综合征”是佛罗伦萨市新圣玛丽亚医院表述的一个病征：据载，在四年的时间内有100多人曾在乌菲齐博物馆等地观赏艺术品时发生晕眩、失去知觉的症状。其中尤以观赏文艺复兴三杰之一的雕塑家米开朗基罗的《大卫》塑像时发生的审美眩晕情况最多。据英国的一位观赏者陈述，虽然他在画册里、电视上见过无数次大卫的英雄形象，在脑海里亦浮现过无数遍大卫的英雄形象，可是当真正的《大卫》跃入眼帘时，还是让他有种电击的感觉，他完全陶醉在这浓厚的艺术氛围中而无法自拔，开始全身颤抖，继而手心冒汗，感到自己正在被一个巨大的审美和时间旋涡所吞噬，最后眼前一黑，顿时失去了知觉。“大卫综合征”一般被解释为，具有深厚艺术底蕴的欣赏者与经典艺术作品的“精神共鸣”。文化资本的第三个特征，即具体化了艺术资本的符号性。这种特征就如经典的魅力，如长城可以指代中华民族，可口可乐可以指代美国。这是一种隐藏在文化资本深处的精髓，是具体化了的文化资本的内质，是其区别于他物的本质。

其次，艺术场域中文化资本的第二种形式，即客观状态的文化资本如何转化为经济资本的？换言之，文化产品如何转化为文化商品？布尔迪厄指出，第二种存在形式的文化资本，即客观化状态的文化产品，它与第一种形式的文化资本（精神传统性的文化资本）的最大区别在于：文化产品如文学、绘画、纪念碑、器具等，在物质性方面，是可以买卖、转让的。但从符号性方面而言，其传承性与第一种文化资本遵守相同的传承规则。以绘画为例，在物质性方面，绘画作品可以任意买卖——对购买人来说，这是对物的占有；但是若想对物的符号占有，购买人则必须具有审美能力，才算真正意义上的占有。所以，布尔迪厄认为，文化产品正是文化资本与经济资本的统一。文化产品既可以表现出物质性的一面，也可以表示出符号性的一面。“在物质性方面，文化产品预先假定了经济资本，而在符号性方面，文化产品则预先假定了文化资本。”① 所以，文化产品与其他普通产品的不同就在于，它预先蕴含着一种高层次的文化消费。因此，在市场机制中，文化产品得以成为文化商品。布尔迪厄将文化商品分为三个层次：第一，正统的范围，如绘画、雕刻、高雅音乐、文学戏剧等。第二，准正统范围，如电影、摄

① 薛晓源、曹荣湘：《全球化与文化资本》，社会科学文献出版社，2005，（导读）第8页。

影、爵士乐等。第三，任意的范围，如时尚、事物、家具等。布尔迪厄对文化商品的划分，正体现了他对广义文化的理解：将对事物的品尝与对艺术品的欣赏一并看作文化的内容和研究对象。正是基于这种广义文化的角度，他的文化商品的范畴才成为物质与精神、高雅与流行的混合物，他的文化资本也就具有了一定的物化形式和现实载体，从而与当代际遇中的经济资本因素相通。

再次，文化资本的第三种存在形式，即文化制度如何转变为经济资本的？文化资本的体制形式主要以教育资格或职业培训机构的形式存在。在现实中主要表现在学历证书与各种职业资格证书的有效性上，这也是文化权力的表现形式之一。在艺术场域中，种种文凭和资格证书也同样适用，并同时呈现为各种特殊艺术技法的应用。如当代画家刘孔喜研究并实验成功的特殊绘画技法——坦培拉技法，俄罗斯当红歌星维塔斯的海豚音唱法，以及当今许多新生代导演创制的特殊电影手法等，这些都是学术资格或文化的话语权。

在看到文化资本向经济资本转化的同时，我们也应该看到文化资本与社会资本的特殊关系，即在某种意义上，社会资本是文化资本转换为经济资本的社会条件。如交谊舞的社交功能以及以画交友等，都是借文化资本之名来形成或扩大社会资本的。布尔迪厄所说的社会资本是“那些实际的或潜在的、与对某种持久网络的占有密切相关的资源的集合体，这一网络是一种众所周知的、体制化得网络，或者说是一种与某个团体的成员身份相联系的网络，它在集体拥有的资本方面为每个成员提供支持，或者提供赢得各种各样声誉的‘凭证’”①。简单理解，社会资本就是会员制的特定的社会关系网络。从表面看来，文化资本对社会资本的投资似乎是一种资源的浪费，但是文化资本正以这种隐蔽性的功能实现着边际递增的经济效应。

总之，利用艺术的个性、创新性，以艺术资源作为文化资本来达到经济效应，这正是立足于艺术自身的本质规律而言的，是对艺术特性的再次强化。因为，产生经济效应的基本前提在于资源稀缺性和价值差异性原则。而正是艺术与资本的这种异质性，才可以实现同构性，达到异质同构的效果。这也正是文化可以产业化的理论依据。

---

① 薛晓源、曹荣湘：《全球化与文化资本》，社会科学文献出版社，2005，第14页。

第四章　我国主要城市文创产品审美化消费对比分析

把握我国主要城市审美化消费的基本状况，并进行对比分析，从而找到我国审美文化资源的优势与劣势，进行有针对性的改进并推进我国文创产品的审美化发展。就文化产业的发展程度来说，我国一线城市和以省会城市为代表的各二线城市是当前文化产业发展水平较高的代表性城市，其他三、四线城市由于文化产业发展水平较低，本文忽略不计。

本章通过列举近 10 年在文化消费方面走在全国前列的 3 个一线城市——北京、上海、广州，并结合以济南为代表的二线城市，在对比分析中反观我国主要城市文创产品审美化消费的水平和特点，从而探索影响我国城市文化消费的主要因素，提出相应的改革措施和建议，以供相关部门参考。

第一节　我国一线城市文创产品消费概况

文创产品是构成文化市场的重要组成部分，也是衡量一个城市文化产业发展水平的重要标志。城市居民对文创产品的消费需求、消费能力和消费层次直接反映了该城市文化产业发展的水平和深度，同时也反映着一个社会的文明程度和思想道德水平。一个城市的经济发展水平、政治体制管理以及文化资源储备会形成特定的文化消费结构和文化消费习惯。然而，在全球化日益明显的今天，每个城市的文化消费特点在个性化之外又有某些相通之处，成为可以借鉴、观摩的样本。以下分别以北京、上海和广州为例，简要介绍这些城市中居民文化消费的基本需求，为我国文化消费结构的调整找到突破口。

一、北京城市居民文化消费需求总特点

作为全国文化的中心，北京拥有3000多年的建城史，集聚了古今中外的文化精华，在兼容并蓄中形成了北京特有的文化氛围，同时在当今的信息社会中以文化消费的方式散发着独有的文化魅力。根据学者王斌对北京城市文化消费的相关调研①，2010年以来，北京城市居民的文化消费具有以下特点：

1. 人文旅游消费成为文化消费的新宠。

"以人文景点为例，人文景点在去年（2009年）的到达率已经达到了89%，而在未去过的人中，仍有48%的人表示会在未来一年中至少去1次。如果这种预期变为现实，就意味着明年（2010年）北京城市居民到访人文景点的比例将达到94%左右。"②

2. 传统报刊类文化消费仍占主导。

北京作为历史古都之一，有着浓厚的文化氛围。阅读一直是居民最为传统、稳固的文化消费习惯。读书、看报已成为北京居民生活中必不可少的一部分，"调查结果显示，家里是北京城市居民最普遍的阅读地点，在过去的一年中，97%的人都选择了主要在家里阅读书籍、报纸、杂志等，而且阅读频次颇高，平均达到了1~3次/周"③。北京地区居民家庭每月购买书籍、报纸和杂志的费用主要集中在0~100元的区间，占到总人数的70.91%，与其他各种文化支出项目相比，这一比例是最高的。④ 可见，当一种文化传统成为消费习惯，其消费的稳定性与消费潜力是巨大的。

3. 室内娱乐活动的文化消费较高。

根据王斌的调研数据⑤，笔者绘制了图4-1。

如图4-1所示，夜总会、歌舞厅、卡拉OK等室内娱乐活动在北京居民

① 王斌：《中国城市文化消费报告》（北京卷），社会科学文献出版社，2010。

② 同上书，第47页。

③ 同上书，第48页。

④ 同上书，第60页。

⑤ 同上书，第57页。

各类室内娱乐消费中占的比例最高，达到了75%，而且其参与频率也是最高的，达到1次/月。其他室内娱乐活动，均超过一半以上的比例。如棋牌占到了67%，电子游戏占到了59%，陶艺、缝纫、绘画等活动占到了55%。由此可知，北京居民室内文化消费呈现的趋势是：由喜好高雅文化逐渐过渡到通俗文化，而且普通大众已成为文化消费的主角。

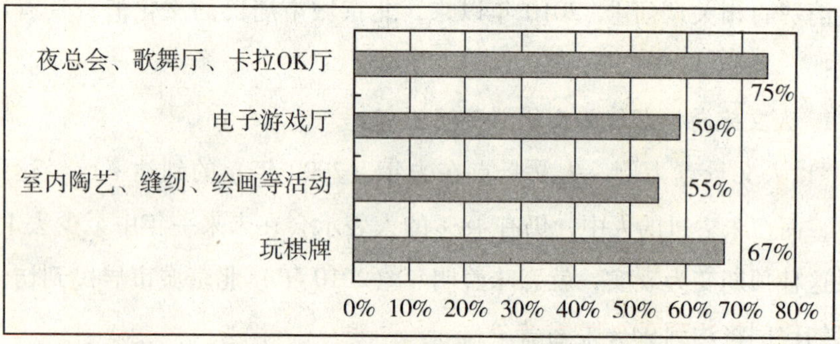

图4-1　北京居民各类室内娱乐活动消费情况（2010年）

二、上海城市居民文化消费总特点

上海素有“东方之珠”的美誉。在地理位置上，上海地处长江和钱塘江入海的汇合口，是一个国际文化交流和融合的现代化大都市。上海是中国较早实现对外开放的通商口岸之一，开放的对外环境，雄厚的经济基础以及深厚的文化底蕴，为其提供了无限的发展机遇，在文化产业方面体现了强劲的发展势头。

近几年，上海城市居民的消费结构不断升级，文化消费呈现出新的特点。根据陈曼冬等统计的资料①表明，上海居民文化消费的价值取向体现为以下几点：

1. 手机等电子产品的文化消费占主导地位。

随着电子通信技术的发展，上海居民对电子类文创产品的接触率在稳步上升。对各种智能手机、等离子电视、电脑等设备的接触率每月都在50%以

① 陈曼冬、陈小申：《中国城市文化消费报告》（上海卷），社会科学文献出版社，2011。

上。并且，不同收入和不同教育水平的人群都以“在家参与”作为首要的文化消费地点。

2. 电视类文化节目的消费比例突出。

自2007年以来，上海城市居民对电视类文化节目的消费一直占有较高的比例，其中有线电视、网络电视和付费电视成为3大主流途径。各类电视传媒节目的偏好程度①如图4－2所示：

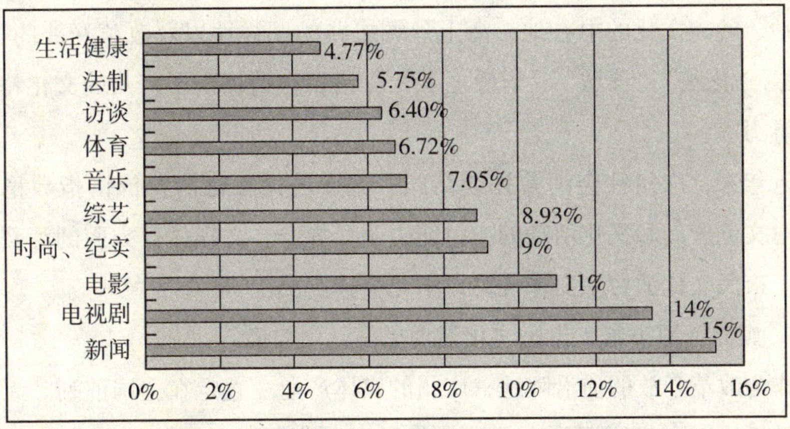

图4－2　上海市民对传媒节目的偏好程度

图4－2显示，在上海市民的文化消费中，新闻类节目在各类电视节目中占第一位，有15%的人群表示会经常收看新闻节目。其次为电视剧和电影类节目，分别占到了14%和11%。法制类和生活健康类节目尚不占据主流地位，分别仅占5.75%和4.77%。

3. 网络传媒文化产品消费成为新趋势。

近几年，随着互联网技术的发展以及上海信息流通速度的加快，网络一跃成为市民获取信息的主要媒介，成为市民文化消费的主要方式之一。据相关资料显示，在网上有阅读习惯的上海市民已高达72.9%。② 而在网上下载电影、在线观看电视节目等人群的比例也在迅速上升。在网站浏览方面，排

① 陈曼冬、陈小申：《中国城市文化消费报告》（上海卷），社会科学文献出版社，2011，第35页。

② 同上书，第40页。

在第一位是新闻资讯类网站，第二位是门户网站，第三位是娱乐休闲网站，这三类网站占据了全部被调查网站的29.49%。①

三、广州城市居民文化消费总特点

广州位于珠江三角洲的北端，濒临南海，毗邻香港和澳门，其优越的地理位置，被称为中国的“南大门”。作为广东省的省会，广州集政治、经济、文化和科技于一体，成为华南区域的中心城市。同时，广州是近现代革命的策源地、岭南文化的中心地、海上丝绸之路的发祥地以及改革开放的阵地。“羊城”“花城”“穗城”“华侨之乡”等诸多称谓体现了广州的文化特色和独特魅力。

近年来，广州社会消费持续活跃，城乡居民文化消费价格指数稳步上升，对文创产品和文化活动的支付能力明显提升，文娱体育方面的消费最为突出。市民文化消费主要体现为以下几个特点：

1. 媒介资源丰富，市民文化消费呈多元化趋势。

作为改革开放的前沿阵地，广州的媒体产业一直走在全国前列。无论是传统的纸质媒介集团还是电子、音像类出版集团以及网络通信等信息化媒介，广州都比较完善，且布局科学合理。据统计②，在2007年，广州市的民营和个体图书报刊销售点已超过3500家，批发业户250多家；持证经营的电子出版物业户就有200多家，音像制品经营业户超过1500家。丰富的媒介产业，极大丰富了广州市民的文化生活，市民的文化消费呈现出多元化的趋势。

2. 网络消费成为主流。

在多元化的日常活动中，广州市民对网络的需求量较大。无论是看电影、电视剧等文娱活动还是资讯浏览、进修学习，广州市民采用较多的途径就是互联网。而且，上网本身也已经成为广州市民最大的一项娱乐活动。

---

① 陈曼冬、陈小申：《中国城市文化消费报告》（上海卷），社会科学文献出版社，2011，第41页。

② 刘书峰、戴潇雅：《中国城市文化消费报告》（广州卷），社会科学文献出版社，2011，第41页。

3. 广播类的消费群体忠诚度高。

尽管广州的现代化程度较高，但广播作为传统的大众媒体，依然有其稳定的受众群体。据相关统计资料显示①，广州居民收听广播的人群中，各类人群对广播的参与度均较高，如表4－1所示。

表4－1　广州市民收听广播的人群参与度分布

年龄分组	听广播	教育分组	听广播	个人收入	听广播
20岁以下	2.64	高中以下	2.73	1000元以下	2.68
21～30岁	2.71	高中及中专	3.17	1001～1500元	2.57
31～40岁	3.10	大学专科	2.89	1501～2000元	2.78
41～50岁	2.83	大学本科	2.69	2001～3000元	2.89
51岁以上	2.5	硕士以上	2.72	3001元以上	2.59

注：表格中居民的参与度数值依据“频繁”（每周大于4次）记5分，“经常”（每周1～4次）记4分，“一般”（每月1～3次）记3分，“偶尔”（每年6～11次）记2分，“很少”（每年1～5次）记1分的标准，求得平均值记为“参与度”以及“标准差”。平均值越高，表示居民对文化消费的参与度越高，消费行为越频繁。

表4－1中显示，在广州市民中，各个年龄段收听广播的分值均在2.5以上，这就意味着每位受众在每月听广播的次数接近1次。而在各个学历人群和收入群体中，其平均分值也都高于2.5，可见听广播已成为广州市民一种习以为常的文化生活方式。由此可见，传统文化习俗对居民文化消费方式的深厚影响。

第二节　我国二线城市文创产品消费特点分析

文化消费是文化产业链上的终端环节，也是关键环节。文化消费是拉动文创产品需求的核心动力，也是提升文化产业发展空间的主要方式。文化消费与文创产品的需求休戚相关，培育文化消费市场，刺激文化消费需求，不

① 刘书峰、戴潇雅：《中国城市文化消费报告》（广州卷），社会科学文献出版社，2011，第48页。

仅是发展文创产品的现实需要，更是满足居民精神文化需求的必然。在以济南为代表的全国多数二线城市中，城市文化消费存在着某些共同的问题，对此进行深入分析，找到症结的根源极为必要。本节主要以济南市居民文化消费为例，根据2019年对济南市6个城区（不含后来并入的章丘区、莱芜区）居民在2015—2019年文化消费的调研数据进行分析与比较。

一、我国二线城市居民文化消费存在的主要问题

1. 文化消费结构单一，消费观念较为保守。

相比一线城市居民文化消费的多样化以及消费媒介的丰富性，我国二线城市居民的文化消费结构整体较为单一，消费领域主要集中在较具有实用性的文具、家居杂货以及传统的文化消费项目，如院线电影、书籍杂志等，对于沙龙讲座、音乐类演出等较为高雅的文化消费领域，二线城市居民的接受能力和消费能力并不强。对于传统的书画艺术品，多数二线城市居民从心理上将之视为文化消费的“奢侈品”，并对其很少过问。图4－3是2015—2019年济南市民（以6区共886份样本计算）最常消费的文创产品类别图，该图清晰地呈现了这种单一的格局。

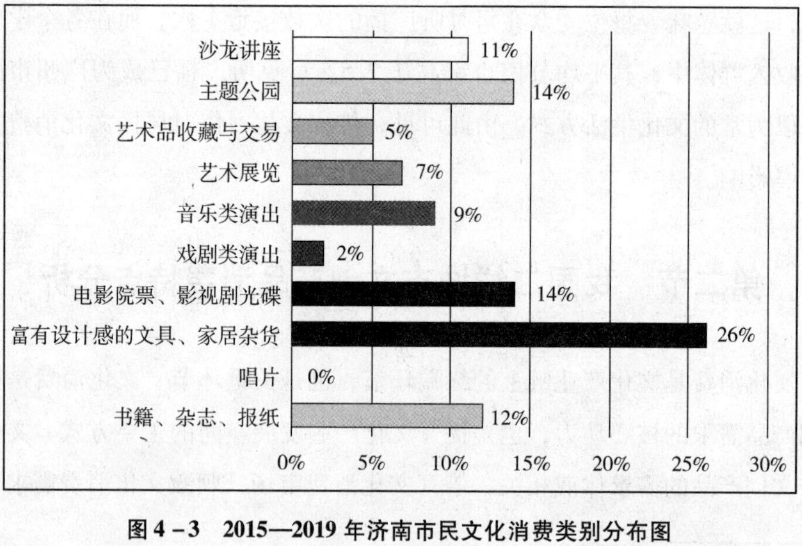

图4－3　2015—2019年济南市民文化消费类别分布图

图4－3中，“富有设计感的文具、家居杂货”占据了济南城市居民文化

消费的首位，电影院票、主题公园等稍占优势。而戏剧类演出和唱片消费的占比最低，这说明济南市居民在日常生活中对其兴趣不高，或者因某些特定载体形式（如唱片）的消失而无法较多地进行关注。

2. 文化消费层次较低，品牌意识不强。

多数二线城市居民对文创产品的消费层次较低，购买的产品多为单价在300元以下的低廉型、实用型文创产品。与北京、上海、广州等一线城市相比，二线城市居民在选择文创产品时受价格因素的影响更加明显。

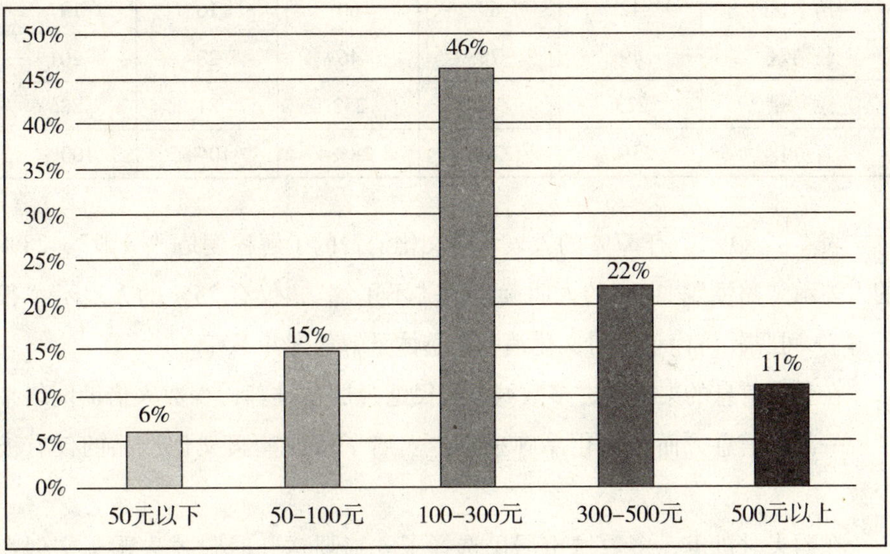

图4-4　2015—2019年济南市民文化消费指数

图4-4显示，有高达67%的济南市民喜欢购买300元以下文创产品，其中购买50元以下文创产品的也有6%的人群比例。购买300~500元文创产品的人群比例不高，仅有22%的人群。而购买500元以上的仅占总人数的11%。可以说，济南市居民的文化消费层次整体较低。

无论是一线城市还是二线城市，居民对文创产品的品牌关注度普遍不高，品牌意识不强。调研中发现，对问卷中列举的几个较为有名的文化品牌，仅对“无印良品”的了解程度较高，其他如The One、阿莱西等较具创意的文化品牌，市民对其关注度并不高。这其中除了有品牌推介的客观因素外，市民不注重品牌是其中的主要因素。

3. 文化消费被动，消费活力不足。

表 4－2　2015—2019 年济南市民对文化消费的了解程度

了解程度	很了解	一　般	略　懂	不了解	总　量
槐荫区	20	53	31	12	116
市中区	51	45	23	2	121
历城区	34	66	50	9	159
天桥区	27	19	42	14	102
历下区	42	69	60	16	187
长清区	49	78	46	28	201
总　量	223	330	252	81	886
百分比	25%	37%	28%	10%	100%

表4－2 显示，有37%的人表示对文化消费的了解程度是“一般”，28%的人表示“略懂”，10%的人明确表示“不了解”，仅有 25%的人表示“很了解”。可见，济南市民对文化消费的整体了解程度并不高。

在获取信息的渠道上，多数城市居民通过朋友推荐，少数人借助网络来了解一部分信息，而在文化品牌独立专卖店了解或购买文创产品的仅有极少数。

在购买时机上，多数城市居民选择了“需要送礼时”才去购买文创产品，选择“定期浏览文创产品更新并购买”的人群均不超过5%。

在购买频率上，多数济南市居民只是偶尔购买，部分居民甚至“几乎不购买”。具体如表 4－3 所示：

表 4－3　2015—2019 年济南市民购买文创产品的频率

购买频率	频繁购买	经常购买	一　般	偶尔购买	几乎不购买
样本数量	106	151	310	142	177
百分比	12%	17%	35%	16%	20%

（注：频繁购买指每月购买一次；经常购买指两个月购买一次；一般购买指三个月购买一次；偶尔购买指四个月购买一次；几乎不购买指半年或半年以上购买一次。）

表4－3 显示，在 2015—2019 年间，济南市民中“频繁购买”文创产品

的人仅占12%，“经常购买”的占17%，“一般”购买频率的有35%，“偶尔购买”的有16%，而20%的人表示“几乎不购买”。从整体来看，我国二线城市居民的文化消费比较被动，消费活力有待提高。

4. 文化消费水平不均衡，城乡区域差距较大。

在调研的过程中发现，住在市区的居民与住在城郊的居民在文化消费观念、消费能力以及消费意识上都存在很大的区别。在文化消费上，城乡之间的基尼系数①偏大，文化消费的资源及消费频率不平衡。住在城区的居民，文化消费能力较强，消费意识较为超前；而住在城郊的居民，文化的消费能力偏弱。仅有极少部分的城郊居民在文化教育（如沙龙讲座）上进行消费，而他们几乎不购买文创产品。尽管城乡差距在目前的国内文化市场来说是一种普遍存在的现实状况，然而这种现象在二线城市表现得尤为突出。如何让更多的普通大众认识、了解并消费文创产品，从而带来精神上的愉悦和幸福感，是摆在研究者面前的重大课题。

二、我国二线城市居民文化消费的原因分析

我国二线城市居民的文化消费为什么会出现以上问题？根据美国哈佛大学商学院教授迈克尔·波特1990年提出的钻石模型理论，一个企业的竞争力取决于多方面的要素。其中起决定作用的是生产要素、需求要素、企业战略结构、相关及支持产业这4个方面；另外，外部因素如政府和机会等也会起到相应的影响作用，如图4-5所示。

迈克尔·波特的钻石模型为理解一个国家或地区的竞争优势提供了全新的视角，成为当今国际商业思维的重要组成部分，为企业提高自身竞争力以及政府制定公共政策提供了重要的参考坐标。根据波特的钻石模型理论分析，导致济南市等二线城市居民的文化消费出现以上问题的原因主要在于：

---

① 注：基尼系数（Gini Coefficient），是国际上用来综合考察居民内部收入分配差异状况的一个重要分析指标。其具体含义是指，在全部居民收入中，用于进行不平均分配的那部分收入所占的比例。基尼系数的实际数值只能介于0~1之间，基尼系数越小收入分配越平均，基尼系数越大收入分配越不平均。国际上通常把0.4作为贫富差距的警戒线，大于这一数值容易出现社会动荡。

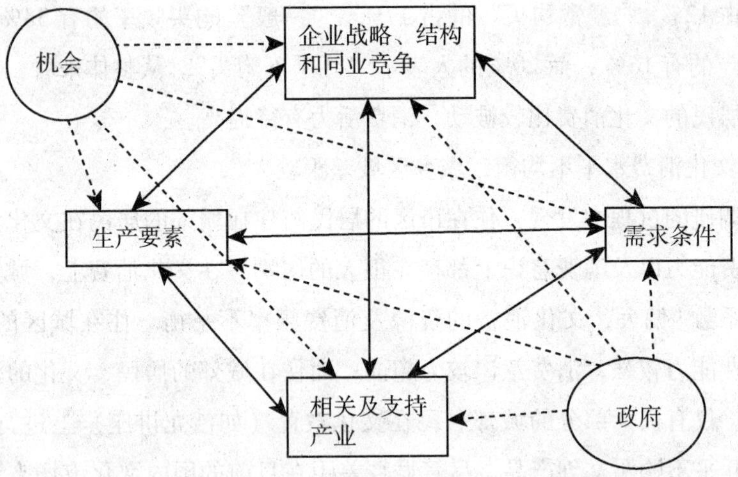

图4-5　迈克尔·波特的钻石模型理论示意图

1. 生产要素方面，多数文化企业生产的文创产品在产品设计、创意方面均不够新颖，难以吸引大众的注意力，导致文化消费被动，消费活力不足。

在对以济南为代表的二线城市的调研中，当问及被调研对象“您喜欢这些文创产品的原因是什么?”时，多数居民选择的是“创意独特，吸引人”或是“造型别致，材料新颖，美感与品质兼具”。另外，在问及被调研对象“您觉得现有文创产品有哪些缺点”时，多数居民选择了“产品都很相似，缺乏创新力”或是“造型普通，美感不足”。因此，创意产品本身的造型设计，包括形态设计、色彩设计已成为制约当前我国城市文化市场活跃度的主要因素之一。

2. 企业战略、结构及同业竞争方面，目前多数文化企业在战略管理和产品开发上经验不足或者处于试运行阶段，文创产品的种类开发较少，导致居民可消费的产品种类有限，文化消费结构单一。

截止到2019年11月，济南市省级文化产业示范基地已超过20家，其中包括西街工坊创意产业园、山东世博演艺经济有限公司等第四批示范基地。然而，在笔者带领团队进行调研的过程中，目前济南市的多数省级示范基地尚处于初级建设阶段，文化企业的入园率、已经入园企业的知名度以及消费的人流量都处于一个较为低迷的状态。2012—2019年间，笔者连续7年带领课题组成员参观、调研西街工坊创意产业园，以期以此为个案，作一个连续、动态的考察报告。在考察过程中，尽管每年都有文化企业入驻，但文化企业的流动性太强，产品的种类开发不全，产品单一，致使大众消费的产品有限，甚至有的人对什么是“文创产品”都不了解。

3. 在需求条件方面，与一线城市相比，二线城市消费者在收入方面的差距严重制约了文化消费的层次以及品牌意识。

在对以济南市为代表的二线城市居民文化消费的调研中发现，收入因素是制约目前二线城市文创产品消费的关键因素。尽管目前二线城市居民的整体收入水平在全国尚处于中等以上水平，但居民在吃、穿、住、用、行等基本民生消费上占的比例较大，而对于精神文化的消费投入占比较小，即恩格尔系数（食物支出总额占个人消费总额的比重）较大。由此带来的情况是，在文化消费方面，居民偏向于实用型的文创产品，而且选择的文创产品的价格往往比较低。因此，二线城市居民整体的文化消费层次不高，品牌意识淡薄，不利于精品文化产品的推出。

4. 相关支持产业方面，二线城市在信息技术服务业、文化、体育和娱乐业领域的营业收入增速放缓，文化消费环境趋于收缩，不利于刺激居民的文化消费意识。

据济南市统计局资料显示，2012 年 1 月到 5 月份，在济南市的教育、文化、体育娱乐及新闻出版行业中，由于大部分属于福利性经营，加之经营状况不佳，受物价上涨等因素影响，营业收入同比减少了 14.1%。① 而在 2014 年 1 月—8 月，济南市在信息传输、软件和信息服务业方面的营业收入下降了 0.6%；在文化、卫生、体育和娱乐业的营业收入下降了 1.0%。② 所以，从 2012—2019 年的总体文化消费环境来看，趋于收缩的消费意识不足以使居民在文化消费上投入较多的时间、财力和精力。

5. 政府因素方面，公共文化服务设施不完善，导致城乡区域文化资源共享不平衡，也是我国二线城市居民总体文化消费较低的原因之一。

---

① 数据来源：济南市统计信息网，http：//www.jntj.gov.cn/E_ReadNews.asp? NewsID = 2592365.

② 数据来源：济南市统计信息网，http：//www.jntj.gov.cn/E_ReadNews.asp? NewsID = 2596303.

通过对济南市民进行文化消费情况的调研可知，“价格太高”和“文艺产品的品质低”是制约济南市民进行文创产品消费的主要原因。另有相当一部分居民认为“离住所较远”是制约文创产品消费的主要原因。交通不便，或是文化商店、主题公园或影院离住所太远成为影响我国城市居民文化消费的一项不容忽视的因素。

6. 机会因素中，城市文化产业对外文化交流的力度不够，导致文化信息更新不及时，从而影响了二线城市文化消费的活力。

文化有其自身的结构系统和发展规律。无论是精英文化还是通俗文化，在进入文化市场时，除了遵循一定的市场规律外，其本身尚有自足的发展系统。这种自律性主要体现在文化交流方面，尤其是流行文化、时尚文化常常牵引着文化发展的方向，成为拉动文化产业发展的核心动力和主导引擎。近几年，我国城市文化产业在对外文化交流方面做出了不少努力，如济南市以旅游业为突破口，在“引进来”方面取得了不少成绩。但是，在文化“走出去”的道路上，尚不具有足够的勇气和力度。近几年，只有孔子学院在儒家文化（齐鲁文化）的对外传播方面做出了主动而大胆的尝试，产生了一定的效果，但是在文化产业的推广方面仍然力度不够，整体显得中庸、保守，这在某种程度上影响了文化消费的活力，也制约了文化产业的发展。

总之，我国二线城市在文化消费的结构、层次以及消费活力方面存在的问题都切实地反映了目前全国城市文化产业的某些短板，认真审视这些问题并从中找出解决方案已刻不容缓。

第三节　我国城市居民文创产品审美化消费特点总结

文创产品的消费水平是衡量文化产业发展水平的风向标之一，在不同的行业领域、不同的消费主体和不同的地域中都会呈现出不同的美学特点。自古以来，城市一直是现代文明的中心，尽管各城市的文化资源不同，文化特色各异，但在文创产品的审美化消费上，我国不同城区、不同行业领域以及不同的消费主体之间又有诸多共同之处。现分别从以下三个维度进行总结。

一、我国城市居民分行业审美化消费特点总结

就以上一线城市和以济南为代表的二线城市的消费调研来看，目前我国城市居民的审美化消费主要集中在7个行业领域，按照其消费人数所占的比例，从高到低依次排列如下：

1. 书籍、报纸、杂志类消费比例最高。

从北京、上海、广州的总体文化消费情况以及对济南的调研情况来看，书籍、报刊等传统纸质媒介依然是当前我国城市居民的主要文化消费品。此类文化消费比例占据了济南市民文化消费总量的一半以上。在济南市天桥区的100位受访者中，该类消费品占比高达68%；槐荫区的120位受访者中，书籍等消费品的比例占25%；长清区的390位受访者中，该类消费品比例也占到了19%。

2. 旅游纪念品跃居为热门文化消费品。

由于近几年全国旅游业的蓬勃发展，旅游纪念品成为热门文化消费品。目前我国多数城市旅游纪念品开发种类不多，多围绕地方文化特色或保健养生文化对产品外观进行审美设计、开发，出现了较好的销量。如在济南6区的调研中，历城区有高达47%的人表示乐意购买旅游纪念品，这在各类文化消费品的比例中排名第一；天桥区居民对旅游纪念品的消费比例也排名第一，高达44%；槐荫区的该类消费品的消费比例位居第二，占到了25%。

3. 书画艺术品成为城市居民消费的新宠。

近几年，全国多个文化产业园和文化产业示范基地的建立在某种程度上促进了艺术品市场的规范化发展，与此直接相关的书画艺术品交易市场开始复苏，书画艺术品由此成为城市居民新的文化兴趣点。在列举的各类文化消费品中，济南市市中区和长清区居民对书画艺术品的消费比例均占这两个区的首位，分别达到了调研人群的32%和35%，这说明书画艺术品的审美化消费指数较高。

4. 影视文化类仍是城市居民主要的文化消费项目。

电影、电视节目可谓大众较早的文化娱乐项目之一，无论是早期的露天电影还是今天的豪华影院，看电影电视一直是人们喜闻乐见的一种休闲娱乐

方式。例如，济南市天桥区的影视消费在所列的文化消费品类中位居第二位，达到了47%的比例；历城区的影视消费居第二位，占文化消费总量的19%；历下区该类消费项目居区内第三位。由此可见，当前人们对影视类文化及相关文创产品的审美化消费已呈现出了泛娱乐化的特点。

5. 日用家居百货稳居消费主流。

实用型的文化消费品一直是大多数城市居民愿意花时间和精力消费的文创产品之一。例如，在济南市民最常消费的文创产品中，日常家居百货的消费比例排名虽不靠前，但其消费比例也达到了10%左右。而且，在调研过程中我们发现，几乎全部受访者都积极表达了自己对文创产品的审美期望，参与度极高。

6. 电子产品越来越成为生活必需品。

随着现代科技对大众生活日益广泛的影响，电子产品越来越成为城市居民生活中的必需品。在全国一线城市和多数二线城市中，大众对富有文化创意和设计美观的电子产品更是青睐有加。单就二线城市来说，济南市槐荫区居民对电子产品的消费占比36%，占区内各品类消费的首位；历城区居民对该类文创产品消费比例为36%，在区内各品类消费中排在第二位；市中区和长清区居民对电子产品的消费比例在各类文创产品的消费排名中均是第三位，其占比分别为24%和30%；而在天桥区，尽管居民对电子产品的消费比例排名第五位，但其消费比例较高，达到了调研人群的35%。

7. 音乐和戏剧类消费方式产生了新变化。

我国多数城市居民对音乐和戏剧的文化消费比例较低，审美化消费呈现出曲高和寡的冷清局面。而且居民对此类文化表演类项目的消费呈现出两极分化的趋势：对音乐演出感兴趣的主要是年轻人，而观看戏剧演出的大都是老年人。此外，近年来城市居民对唱片的消费比例直线下降，其原因在于多数居民不再通过唱片来欣赏音乐或戏剧，而是直接采用网络下载或在线观看的方式来欣赏。从这个层面上来说，音乐戏剧类的消费比例较低并不代表居民对音乐或戏剧的兴趣低，而是新的消费方式使然。

8. 文化教育类消费比例不均。

据相关统计资料以及笔者的实地调研发现，目前我国城市居民对文化教育类的消费（如沙龙讲座）兴致并不大。只有少数人，如位于城郊的市民或部分学生乐于参加文化教育类的讲座或培训班，来拓展自己工作或学习的空间，提升自己适应现代社会的综合能力。据此可知，只有文创产品中的教育功能需与其他文化功能（如娱乐、审美、体验）深度融合，方可激发出消费的潜力。

二、我国城市不同消费主体的审美化消费特点总结

在城市不同的消费主体之间，由于受访者的年龄、职业、月收入的不同，其审美化消费呈现出不同特点。现以济南六区居民在2015—2019年的文化消费为例，进行总体阐述。

1. 不同年龄阶段文化消费的特点。

根据受访者的年龄分布情况，各个年龄阶段的消费主体在选择文创产品时侧重的因素具有一定的分布规律（见表4－4）。

表4－4　济南市居民选择文创产品时的主要考虑因素（2015—2019年）

调查项	年龄段	数　量	考虑因素	有效百分比
选择文创产品的主要考虑因素	0～25岁	104	创意独特	46%　√
			价格便宜	35%
	26～35岁	196	创意独特	32%　√
			材质新颖	26%
			科技含量	25%
	36～45岁	325	材质新颖	38%　√
			创意独特	22%
	46～55岁	219	品牌有名	39%　√
			材质新颖	26%
			创意独特	20%
	56岁以上	42	使用价值	29%　√
			价格便宜	22%

（注：有效百分比是指占该年龄阶段人数的百分比，低于20%的不算主要要素。）

表4－4共886份调研样本中，25岁以下的人群主要采集了104份有效

样本，该年龄段的受访者主要把“创意独特”和“价格便宜”视为选择文创产品的主要考虑因素，其中有46%的人群认为“创意独特”更为重要。26~35岁的人群在文化消费时会综合考虑“创意独特”“材质新颖”以及“科技含量”这3个方面的要素。在196名该年龄段的受访者中，有32%的人表示“创意”第一，有26%的人认为“材质”第一，另有25%的人认为“科技含量”第一。三个方面的衡量因素在26~35岁的人群中占有的比例相差较小。36~45岁之间的人群（共325位有效受访者）会把“材质新颖”放在首位（占38%），其次是“创意独特”（占22%）；46~55岁的人群（共219位有效受访者）会更加重视品牌是否有名（占39%），其次是材质是否新颖（占26%），再次是创意是否独特（20%）；而56岁以上的人群（共42位有效受访者），则把“使用价值”放在了首位（占29%），价格是否便宜也成为重要的衡量因素（22%）。通过对以上几类不同年龄阶段群体的分析可以看出，不同年龄群体因自身家庭环境、教育等人生经历的不同，其文化消费的侧重点会有一定的差异。

2. 不同职业人群的文化消费特点。

根据2015—2019年济南市886名有效受访者的问卷回答，不同职业群体对文创产品选择时考虑的主要要素如下表所示：

表4-5 济南市不同职业群体选择文创产品时的主要考虑因素（2015—2019年）

<table>
<tr><th>调查项</th><th>职　业</th><th>数　量</th><th>考虑因素</th><th>有效百分比</th></tr>
<tr><td rowspan="10">选择文创产品的主要考虑因素</td><td rowspan="4">机关事业单位人员</td><td rowspan="4">138</td><td>品牌有名</td><td>28% √</td></tr>
<tr><td>文化内涵</td><td>26%</td></tr>
<tr><td>创意独特</td><td>22%</td></tr>
<tr><td>材质新颖</td><td>23%</td></tr>
<tr><td rowspan="4">企业职员</td><td rowspan="4">485</td><td>创意独特</td><td>30% √</td></tr>
<tr><td>材质新颖</td><td>24%</td></tr>
<tr><td>科技含量</td><td>25% √</td></tr>
<tr><td>价格便宜</td><td>36% √</td></tr>
<tr><td rowspan="2">在校学生</td><td rowspan="2">122</td><td>创意独特</td><td>32%</td></tr>
</table>

续表

调查项	职　业	数　量	考虑因素	有效百分比
选择文创产品的主要考虑因素	自由职业者	87	创意独特	37%　√
			价格便宜	26%
			材质新颖	21%
	离退休人员	54	使用价值	30%　√
			价格便宜	21%

（注：有效百分比是指占该职业群体人数的百分比，低于20%的未算主要要素。）

表4－5表明，机关事业单位人群把品牌、文化内涵、创意和材质视为选择文创产品的主要要素，分别有28%、26%、22%和23%的人群选择了这四项。其中，品牌和文化内涵是该类职业群体在文化消费时的两项主要衡量要素。企业人员的消费群体在选择文创产品时衡量的要素也较多，创意第一，材质其次，科技含量也要考虑。其中，有25%的企业人群把科技含量视为一项重要的考虑要素。在校学生（含本科、硕士、博士）群体主要把价格要素视为首要的考虑要素，有36%的受访者认为价格便宜是决定购买文创产品的首要因素。其次，32%的学生群体认为，创意的独特性也至关重要。而自由职业者首先考虑的是创意要素，有37%的受访者选择了该项；其次价格和材质因素是该类群体要考虑的方面。而在离退休人员中，创意的独特与否以及品牌是否有名不再是首要因素，30%的人群认为，文创产品关键要有使用价值且价格实惠。可见，不同职业群体因文化消费环境的不同，会呈现出不同的特点。

3. 不同月收入者的文化消费特点。

消费主体的月收入会直接影响着其对文创产品的选择。

表4－6　济南市不同月收入者选择文创产品时的主要考虑要素（2015—2019年）

调查项	月收入（元）	数　量	考虑要素	有效百分比
选择文创产品的主要考虑要素	0～2000	92	使用价值	33%　√
			创意独特	22%

续表

调查项	月收入（元）	数　量	考虑要素	有效百分比
选择文创产品的主要考虑要素	2001～4000	260	材质新颖	30%　√
			创意独特	21%
			科技含量	26%
	4001～6000	398	材质新颖	31%　√
			品牌有名	26%　√
			文化内涵	23%
			创意独特	22%
	6001 元以上	136	品牌有名	32%　√
			文化内涵	27%
			材质新颖	24%
			创意独特	21%

（注：有效百分比指占该收入群体的比值，低于20%的未算主要要素。）

表4－6显示，低于2000元月收入的人群往往把是否具有使用价值放在文化消费的第一位，再考虑材质是否新颖；月收入在2001～4000元的消费群体把“材质新颖”视为衡量文创产品的首要元素，其次是创意和科技感；月收入在4001～6000元的人群认为材质和品牌才是主要的考虑要素；而月收入在6001元以上的人群则比较注重品牌的知名度以及产品是否具有文化内涵，其次才是材质和创意。

值得注意的是，月收入群体的购买力并不与其购买的文创产品的价格成正比。一些月收入在6001元以上的群体，其在购买文创产品时却不一定购买价格区间最高（500元以上）的那项，而多选择300～500元，甚至是100～300元的文创产品。可见，在文创产品的消费上，多数二线城市居民整体购买力仍处于一个较低水平，对文创产品的消费注重其实用性，消费动力不足，审美化消费态度较为保守。

三、我国城市居民审美化消费的SWOT分析及发展建议

在全国文化消费整体低迷的状况下，各城市居民的文化消费既有现

实的挑战又蕴含着良好的发展机遇。现以 SWOT 矩阵模型进行分析，如表 4－7 所示。

表 4－7 中，S 和 T 分别代表内部能力要素中的优势和劣势，O 和 T 代表外部环境因素中的机会与威胁。S 与 O 的交接处视为增长性战略（SO 战略），意为利用现有优势，抓住外在的机会，全力推进发展。S 与 T 交接处视为多元化战略（ST 战略），目的是利用目前优势（S），尽量避免外在的威胁（T），在不利的环境威胁下找到问题的解决途径。而 W 与 O 的交接处视为扭转性战略，意为抓住外在的机遇，扭转自身的不利要素，从而打开发展局面。W 与 T 的交接是一项情况最为复杂、艰难的情况，被视为防御性战略。该项战略的目的在于，尽可能地避免不利因素，并防止现有资源的损失，尽量规避最大风险。

表 4－7　我国城市居民文创产品消费 SWOT 矩阵模型分析图

外部环境因素	内部能力因素	
	优势（S）	劣势（W）
	1. 文化资源丰富，多数城市融合了传统和现代两种文化资源。 2. 一线城市和多数二线城市，国家文化产业政策的扶持力度大。 3. 各城市人口密集，人才资源丰富。	1. 多数城市的特色文化资源不突出。 2. 城市居民的人均文化资源占有量低。 3. 多数城市重点文化企业较少。
机会（O）	SO 增长性战略	WO 扭转性战略
1. 近几年各城市经济实力稳步提升。 2. 全国文化体制改革率先完成。 3. 多数城市通过开办文化产业博览会加强了对外文化交流。	1－1. 借助经济优势，充分开发文化资源。 1－2. 顺应政策导向，深化转企改制的力度。 1－3. 凭借人才优势，以文化产业博览会为契机，加速文化传播。	1－1. 以经济实力为羽翼，创建特色文化产业项目。 1－2. 在转企改制完成之际，鼓励居民主动进行文化教育消费，提升文化素质。 1－3. 借助文化产业博览会，与其他省份的文化企业合作，培育城市重点文化企业。

续表

威胁（T）	ST 多元化战略	WT 防御性战略
1. 与世界发达城市相比，经济实力远远不够。 2. 我国东西部城市发展水平不均。 3. 全国各城市之间人才资源的争夺愈加激烈。	1-1. 加强与世界发达城市的经济合作，加强文化资源的转化能力。 1-2. 出台相应政策，鼓励东西部城市文化的交流，形成涓滴效应。 1-3. 把文化特色融入高校文化产业人才培育。	1-1. 突出文化优势，稳步推进经济发展。 1-2. 利用外来人口流动，加强与西部的文化交流，培育新型文化，创新文化产业。 1-3. 出台政策，扶持重点文化企业，留住并吸引精英人才。

SWOT 矩阵分析图从宏观层面列出了目前我国城市居民文化消费的整体情况以及几种可供选择的发展战略。然而，仅有宏观战略尚不足以解决目前多数城市文化消费存在的具体问题。因此，围绕上述几种战略，现提出以下发展建议：

1. 明确发展定位，以鲜明的文化价值导向突出文化产业的特色业态，推出品牌化文创产品。

目前我国城市居民的文化消费层次不高，大多处于以实用为主的民生型消费领域，而且重价格、轻品质，尚未提升到真正以精神文化享受为目的的文化型消费层次。其主要原因一方面在于未有鲜明的文化价值观引导群众，提升民众消费的文化内涵，另一方面在于目前多数城市缺乏可供民众消费的品牌化文创产品。最为重要的是，目前多数城市中文化产业业态的文化特色不鲜明，个性不突出，导致发展定位不明确，难以推出创意鲜明的文创产品和文化项目，从而难以引起民众的兴趣和消费欲望。因此，确立好文化产业的特色定位至为重要。为此，可以参考以下几点措施：

（1）在城市中规划具有文化辐射力的中心城区，包括商业区、文化区、教育区，以文化为中心带动市区整个文化市场的运转，刺激文化消费。

（2）保留并修复具有文化质感的历史古建筑，沉淀文化底蕴，树立城市形象。古建筑是城市形象的一部分，某种程度上是城市的一张名片，象征着城市的历史、人文和特有的风景。城市古建筑对于不断积累城市文化，突出城市特色具有不可磨灭的影响。

（3）重点培育一批大型重点文化企业，创建文创产品的知名品牌。通过相关政策，鼓励扶持中小特色文化企业壮大成为大型重点文化企业，并推出精品化、特色化文创产品。

2. 培育新的文化消费形态，开发文化产业的新型增长点，丰富居民的文化消费层次。

结合中国文化产业的发展历程和城市居民文化消费的演变轨迹可以看出，从文化消费形态上来说，城市居民文化消费已经由“粗放型”“集约型”逐渐过渡到了“舒展型”。在“舒展型”的消费形态中，城市居民的需求不再局限在吃、穿、住、用、行等基本生活保障层面，而更注重消费对象的文化内涵和象征意义，诸如身份、地位、尊严、价值、幸福、快乐等精神层面的满足。因此，如何在现有的物质基础上开发出更具文化内涵和艺术创意的文创产品，让审美附加值成为新的消费增长点，是目前各界应重点研究的问题之一。

通过对济南市居民文化消费的调研我们发现，多数居民对于创意较好的新型文化产品，如各类创意电子产品、创意茶壶、创意灯具等非常感兴趣。因此，加大文化消费与艺术衍生品开发的关联度，增加文创产品的多样性，以艺术衍生品实现居民文化消费的二次消费，可以丰富居民文化消费的层次，增加居民文化消费的乐趣。

3. 推动公共文化服务与文化消费的深度融合，优化文化消费环境，让城市居民对文创产品的消费由被动型逐渐转变为主动型。

公共文化服务是城市文化软实力的重要组成部分，也是衡量一个城市的文明程度、发展程度的重要指标。图书馆、文化馆、博物馆、公园等公共文化基础设施的建设直接关系到城市居民的文化生活质量、公民基本素质以及学习能力的提升。在当前文化消费整体低迷的情况下，除了提供优良的文创产品外，更要提供可供居民进行消费的文化场所，从而以活跃健康的文化活动自然带动文创产品的消费。

在对济南居民进行调研时发现，相当一部分居民认为目前济南的公共文化服务力度还不够，其中“社区的文化活动场所少”成为最突出的问题。文化场所不够，居民的文化消费活动不多，整个城市的群众文化活动氛围不佳，从而也无法调动居民参与文化创意的积极性。而且，目前的公共文化服务多是孤立进行的，文化事业与文化产业没能找到很好的对接口，导致公共文化服务与文化消费处于“互不相干”的状态。因此，推动公共文化服务与文化消费的对接并深度融合，可以优化文化消费环境，使城市居民的被动型文化消费变为主动型文化消费。

4. 政府、企业与高校三方联合，完善知识产权保护，构建健康顺畅的文化消费链条。

知识产权是文化产业发展的后盾，也是文化消费健康运行的保障。目前虽然我国已经建立了与文化产业发展相匹配的知识产权法以及相关制度（如版权保护制度），但是对文化消费者维权保护的相关法律和制度尚不健全，这明显不利于文化消费的有序、良好运行。因此，完善知识产权保护，不仅是文化市场管理的需要，更是完善文化消费链条、保障居民文化消费权益的需要。

在对部分济南市民进行文化消费状况采访时得知，目前多数居民购买文创产品存在的一个尴尬是，由于许多文创产品没有进行商标注册，或者售后服务不完善，导致部分居民以较高价格购买的文创产品在后期维护中毫无保障。如此导致的一个恶性循环是，居民不愿以较高价格消费文创产品，而宁愿以较少的费用去消费低端文创产品，因为这样即使产品坏了也不会感到可惜。因此，面对这种窘况，政府、企业与高校最好三方联合，切实完善文创产品的知识产权保护制度，尽可能地给居民的文化消费以安心的保障。

5. 加强文化交流，推动文化产业的跨市、跨省合作，建立文化营销网络，拓宽居民的文化信息渠道，扩大文化消费视野。

当今世界是一个开放的世界，在全球化趋势日益明显的今天，经济一体化已成为一个必然的趋势。而文化产业作为第三产业中的综合业态，在文化产业链的打造过程中，更需要文化、政治、经济等多种因素的深度融合与通力合作。尤其在今天全球经济竞争日益激烈的形势下，文化产业的发展更不能闭门造车，单打独斗。通过加强文化交流，可以使文化资源自动增值，同时可以推动文化产业的跨地域合作，有利于建立文化营销网络，扩大文化市场。同时，跨地域合作又可以促进文化的交流，从而可拓宽居民的文化信息渠道，扩大文化消费的视野，刺激文化消费的增长，最终以文化消费拉动文化产业的发展，实现文化消费与文化产业的双向循环。

针对我国目前城市居民的文化消费状况，建议首先加强城市与周边发达城市的交流与合作。通过试点测验，尝试铺开文化销售网络，打开居民的文化消费视野。如果试点取得成效，则可以进一步开拓与全国其他城市的交流与合作，通过“引进来”和“走出去”的文化互动，逐渐在全国开启城市文化产业的跨地域共建模式。

第五章　文创产品审美化消费批判及意义

在生产占主导地位的工业社会中，人们进行消费的目的主要是满足吃、穿、住、用、行等基本的物质生活需要。然而，在这些基本的生活需要之中总伴随着审美的需要。一个外形漂亮的杯子总比一个仅仅重视实用功能的杯子要受欢迎得多，一个充满艺术化的商店总比一个普通的百货公司更容易吸引人。而在消费图景拼贴成的后工业社会中，审美需要已成为一种基本诉求，占据着人们的日常生活，主宰着人们的心灵，并在文化市场中呈现出文创产品的艺术化、消费的时尚化、消费的感性化等特点。由此构成的消费文化景观，反映了潜藏在当下人们内心深处的巨大审美诉求。

第一节　文创产品需求的消费动力学机制

某种程度上，文化产业的发展受到文化市场中供给与需求的双向影响和制约。经济发展水平和社会需求是文化产业发展的经济社会基础。文化需求是拉动文化产业发展的外在动力。广泛的社会需求打开了文创产品的销售市场，也拓展了文化创意服务的空间。经济水平和社会需求分别以“推”和“拉”的动力机制构成了文化创意产业发展的产业基础。

一、经济水平：文创产品需求的物质基础

从国外经济的发展经验来看，文化产业的发展受到经济发展水平的制约。当人均 GDP 在 1000 ~ 5000 美元时，拉动经济增长的主要是制造业、加工业和传统服务业；当人均 GDP 在 3000 ~ 5000 美元时，社会消费结构才向发展型和消费型升级，并由此带动生产结构和投资结构的变化，文化产业发展的基本条件才基本成熟；当人均 GDP 在 5000 ~ 10000 美元时，拉动城市经

济增长的主要是创意产业、科技创新、高科技产业和服务产业的发展。因此，学者冯梅指出，“较高的经济发展水平是文化创意产业发展的基本前提”①。因为文化创意产业的发展需要大量的资金来支持。从网络、软件服务业来看，2005 年百度在美国纳斯达克上市融资近 7000 万美元，2008 年阿里巴巴在香港上市融资 15 亿美元。从影视业来看，2012 年《中国好声音》第二季总投资 2.3 亿元，2018 年电影《战狼 2》总投资 1.5 亿元，《美人鱼 2》总投资 4.4 亿元，《红海行动》总投资 5.8 亿元，《阿修罗》总投资达 7.5 亿元。从表演行业来看，在北京欢乐谷华侨城大剧场演出的精品舞台剧《金面王朝》总投资 2 亿元，以其恢宏的气势、引人入胜的情节、精美的舞台设计、给观众带来了超强的视觉盛宴和感官享受。

此外，冯梅还指出，经济的发展带动原有产业的发展，原有产业的良好发展才能为创意产业的发展提供坚实的产业基石。文化创意产业是文化产业、信息服务业与传统产业的结合，它以创意和创造为特征，处于价值链的高端。在价值链上，创意产业高于原有产业，形成独特的经济增长方式，但是它又不能脱离原有产业。以旅游创意产品为例，旅游创意中的旅游理念、旅游方式等都不能脱离具体旅游基地的自然资源，即旅游内容。又如，近年来迅速发展的电子商务、网络游戏、手机增值服务等创意产业，是建立在我国通信技术逐渐完善、信息传输产业、信息服务业迅速发展的基础上的，由此形成的完善的硬件设施为软件、网游产业的发展提供了物质载体。

二、社会需求：文创产品消费的拉动力

经济的发展改变了人们的需求结构，人们的精神需求越来越大，这刺激了文化创意产业的发展。美国人本主义心理学家把人的需求由低到高分为生理需求、安全需求、社会需求、尊重需求和自我实现的需求五大类。“在经济发展的基础上，人们获得了基本的生存条件和物质生活条件之后，产生了发展的需求和精神愉悦的需求”②。随着社会经济的发展，恩格尔系数不断

---

① 冯梅：《中国文化创意产业发展问题研究》，经济科学出版社，2009，第 52 页。

② 孙安民：《文化产业理论与实践》，北京出版社，2005，第 18 页。

下降，基本生存消费在人们的总消费需求中占的比重下降，而发展和享受性消费占的比重越来越高，人们购买商品时不仅注重它的实用性，更多的关注商品带来的精神内涵，注重商品所传达的品位、身份、文化等精神文化价值。随着经济的发展，人们的闲暇时间增多，用于劳动的时间减少。在生活水平达到一定条件下（如温饱或小康水平），人们愿意利用闲暇时间来享受生活，丰富自己的精神文化生活。人们的精神文化生活越丰富，越会带动文创产品、创意服务的兴盛，因而也就反过来促进文化创意产业的发展。

学者蒋梅也提到了文化消费的重要性。她提到，“消费需求是拉动文化产业发展的火车头。把握不了消费需求，必然带来生产的盲目性，在量能放大的产业化形态下，必将造成巨大的浪费。同时，文化产品的生产和服务与其他产品不同，它是满足人们精神产品。这种需求弹性很大，影响需求量的因素很多，这就使得文化需求具有特殊的层次性、多样性和不确定性……因而文创产品的供求矛盾比物质产品更为突出”①。应该重视文化创意产业中的文化需求状况。崔丽等在谈到社会消费需求对文化产业的影响时强调，“消费需求对社会经济发展起着巨大的导向作用和拉动作用。……现代经济中，消费需求决定生产，成为产业形成发展的源泉”②。她还指出：经济发展到一定阶段，收入的提高、收入结构的改变带来需求结构的上游化，精神文化消费的比重将不断上升，且快于物质消费需求的增长速度。随着文化消费能力的提高，文化消费的规模将不断扩大，并拉动文化产业增长。一个国家的文化消费需求状况正是该国文化产业发展的基础，也是文创产品提高竞争优势的原动力，把握文化消费需求就抓住了文创产品创新发展的关键。扩大内需的关键是开发新的消费热点，而文化消费具体体现为通过消费文创产品或文化服务来拉动文化产业的发展。因此，强大的消费需求是带动文创产品研发的关键，也是促进文化产业结构升级的关键。

武彩芳在其硕士学位论文（2011 年）中谈到了中国居民消费需求因素对产业结构升级的影响。所谓产业结构升级，是指在特定的国内外经济环境、

---

① 蒋梅：《把握文化消费需求是发展文化产业的关键》，《理论界》2003 年第 6 期。

② 崔丽、宋延军、王元华：《社会消费需求对文化产业发展的影响》，《经济导刊》2010 年第 6 期。

和资源条件下，按照一般的产业结构演变规律和产业发展的内在要求，采取一定的措施，不断提高产业的结构层次和产业发展水平，以保障国民经济长期持续增长的一种经济活动。产业结构升级的实质是结构规模由小变大，结构水平由低到高，结构联系由松变紧。武彩芳还指出，在消费主导型经济中，消费需求及结构变动是产业结构升级的主导因素。“消费需求结构的变化推动产品结构和产业结构的变化。一方面，不断产生的新的需求驱动新的生产部门不断涌现，整个社会生产分工体系越来越发达。另一方面，在新的需求不断出现的同时，某些对某些商品的消费需求量不断减少，引起相应产业的收缩和扩张。”① 同时，武彩芳强调，消费需求对产业结构升级的促进作用并非简单的、直线的，它是结合生产的诸多要素，化解消费需求和产业结构升级之间的错位和运行中的阻碍的。

尹世杰在《消费需要论》一书中，把需求结构、消费结构和产业结构视为相互协调、相互促进的动态平衡结构。其基本模式如下②：

（1）需求结构变化—产业结构变化—消费结构变化—消费需要的层次上升—需求结构进一步变化；

（2）产业结构变化—消费结构变化—消费需要的层次上升—需求结构变化—产业结构进一步变化。

此外，傅家荣把消费需求结构视为产业结构演进的根本动因，指出我国经济应选择“消费需求推动型”的经济战略。③ 田玉来论述了十一五期间的产业结构调整，把扩大内需作为产业结构调整效果的衡量尺度。④ 李新安、施国庆撰文指出：目前，国内城乡居民消费需求结构的变动与消费总量的持续增长成为决定经济增长的关键性因素。消费需求结构的变动，对供给产生一种强制性的结构调整力量，促进产业结构全面调整和产业全面升级。消费需求变动影响市场结构，从而导致竞争中产业组织结构提高的态势进一步加

---

① 武彩芳：《中国居民消费需求要素对产业结构升级的影响研究》，黑龙江大学 2011 年硕士学位论文，第 17 页。

② 尹世杰：《消费需要论》，湖南出版社，1993，第 94 页。

③ 傅家荣：《消费需求结构是产业结构演变的根本动因》，《消费经济》1997 年第 2 期。

④ 田玉来：《论扩大消费需求中的产业结构调整》，《齐齐哈尔大学学报》（哲学社会科学版）2006 年第 5 期。

强；同时也将促进中小企业进入大产业生产链环中，逐步在大中小型企业之间形成合理分工、有效协作的新型产业关联和产业组织构架。①

总之，从经济运行规律看，经济的发展为文创产品的发展提供了物质基础，而社会需求是文创产品发展的拉动力，二者在供求平衡中成为文化创意产业发展的基础。

第二节　大众艺术市场中行画消费的审美省思

在机械复制时代，当本雅明猛然把传统艺术从神圣“殿堂”上撕扯下来之后，艺术在现代技术的参与下完成了祛魅与艺术的民主化。然而，当人人为共享艺术的神圣价值而欢呼雀跃时，本雅明万万没有想到，在技术复制泛滥的今天，艺术复制品何以堂而皇之地披着精品艺术的外衣而招摇过市。

作为美术复制品的行画正以这种高姿态在当今的大众艺术市场中扮演着越来越“重要”的角色。商业激流中，行画对精品名画的仿制驱使普罗大众争相追逐那点浮于表面的艺术“灵晕”。这在后精神分析学家雅克·拉康（Jacques Lacan）看来只不过是镜像阶段的自我虚妄，是在想象域中获得的一种貌似崇高的主体幻象。然而在行画残存的艺术灵晕中，苏珊·朗格（Susanne. K. Langer）依然相信在这种艺术幻象中，虚幻的光泽是至关重要的因素，（因为）它预示着艺术的本质。②

一、行画身份的双重隐喻

行画（Line Painting）源于韩国商品油画，传入香港后称韩画，在广东等大陆地区人们根据仿制的古玩行货命名，改称为行画。行画在欧美盛行较早，主要以艺术复制品的形式仿制油画，并在大众艺术市场中流通，用于家居装饰。行画是艺术现代性的产物，是传统艺术在商业社会中与现代技术碰撞之后的激变，代表着传统艺术在现代转换过程中的一种过渡状态。

---

① 李新安：《论消费需求变动对产业机构调整的影响》，《河海大学学报》（哲学社会科学版），2002年第9期。

② ［美］苏珊·朗格：《情感与形式》，刘大基，等译，中国社会科学出版社，1986，第56页。

行画在中国古代称为摹本，主要以手绘的形式临摹古代名画，以用于保存名画或是供初学者练习。随着现代技术的发展，20 世纪 70 年代我国南方地区出现了专门复制古画（含古画做旧）的工艺美术工厂，以外贸出口的形式销售到欧美等对行画需求量较大的国家。当时行画的制作主要以手工为主，机器复制尚不常见。一副行画作品往往由数人参与制作完成，在材料选择、绘画分工、制作工艺以及出口运输等方面形成了流水作业式的体系。90 年代，随着我国油画创作和油画拍卖热潮的兴起，行画领域出现了专门从事油画仿制和加工的现代美术工厂。在当时社会对行画高需求的形势下，逐渐形成了以机器复制技术为主的社会化大批量生产。2000 年以来，国内行画的品种逐渐增多，油画、国画中的各种题材，甚至是民间艺术——年画都成为行画加工复制的对象。在创作方式上，除了手绘、机器复制外，还采用了当代数码喷绘技术。一幅作品有的是电脑喷绘的结果，也有的是在电脑喷绘之后再手工绘制的，少量则是纯手工临摹绘制的。当然，也有一种行画是经过原作艺术家授权的，即作品的临摹或仿制由行画家来完成，而款识和题名由原作艺术家亲笔签名。可见，行画的历史同样也是现代技术的进化史。在艺术的现代化过程中，行画凭借商业和技术这两把利刃，已悄然把“艺术模仿论”的传统命题转换成了“艺术复制论”。

2014 年被誉为中国大众艺术品消费的纪元年，国内艺术品市场在遭遇 2012—2013 年的“冰霜之年”后，艺术品一、二级市场开始逐渐向平民靠拢。各大艺术市场机构和运营方式更加接地气，艺术品消费已突破原来的“小众”圈子走向了“大众”日常生活。行画成为大众艺术消费品的主角，除了在各大星级酒店、高档会所和高级写字楼外，行画也成为城市普通家庭的艺术装饰品。然而在行画消费者的蜂拥迷狂中，我们不得不首先审视这种新潮艺术复制品的文化身份及其对大众艺术生活的深度影响，以促进中国艺术市场的日渐完善。

由于行画是现代技术和商业“合谋”的产物，因而其文化身份便打着现代主义的烙印。当代以色列美学家齐安·亚菲塔在谈到现代艺术时说：“现代主义的始作俑者把形象艺术排斥了，却没在它的空位上造一个新的，从这一刻起，在艺术史上第一次，艺术和非艺术之间的区分标准丧失了。因此，艺术成了一个缺乏任何文化价值的领域——一片荒地，在其中，任何人都由着性子胡来。实际上，艺术成了一个商业领域，一个充斥着骗人的花招和怪异的审美之物的世界；艺术经纪人和艺术机构为这个世界培育了一种矫饰，声称这个世界是个有价值的文化领域。”① 在现代主义的论辩声中，艺术与非艺术之间的藩篱已倏然抽离，或者说区分艺术或非艺术已变得不再重要。艺术边界的失效给大众艺术消费品带来的是身份认同的危机。那么，作为大众艺术消费品的行画，究竟是属于艺术品还是艺术商品？或者二者兼而有之？

齐安·亚菲塔认为，“在现代主义框架之内，要把什么东西确立为艺术品，那是没个准数的；它的任何断言，都是武断的；没哪个断言，人们觉得应该接受。没了清晰的界线，艺术在它自己的领域里于是变得散漫，而且也散漫到别的领域；别的领域也渗进了艺术领域”②。然而，商业对艺术的偷袭却促进了艺术市场的形成。在商业力量的牵引下，艺术界不再是一个真空的玻璃盒子，而是在市场供求的流动中，主动寻求着艺术创作的新动力。所以，行画究竟是艺术品还是艺术商品，这取决于不同的接受者对它的态度：对行画消费者来说，也许它就是艺术品，因为它具有艺术欣赏价值和装饰性；对行画的生产者或销售者来说，也许它属于艺术商品，因为它可以创造商业价值；然而对于行画的艺术原创者来说，也许它就仅仅属于艺术复制品、仿品甚至是赝品，因为它并没有体现创造性，甚至侵犯了他们的著作权——行画戴着真品的帽子到处招摇撞骗。

由此，行画既被看作艺术商品，又可被看作艺术品。作为艺术商品的行画是社会大批量的产物，并且在市场中流通、交换；在大众艺术消费者眼中，作为艺术品的行画具有与艺术原作相近的艺术形式、艺术风格等审美价值，并且这种与艺术原作的“细微差异”对他们来说影响不大。然而，我们发现，行画身份的双重隐喻却也暗示着其内在的尴尬：在某一固定的接受者之中，一种行画并不能同时拥有艺术品和艺术商品的双重身份。比如，在行

---

① ［以］齐安·亚菲塔：《艺术对非艺术》，王祖哲译，商务印书馆，2009，第82页。
② 同上书，第82－83页。

画生产者看来，它虽是艺术商品，但这些生产者并不能被称为艺术家或画家。在行画界，初学者往往被称为画工，水平稍高点的称为画师。而对行画购买者来说，他们也不会称行画为绘画作品（油画或国画），而通称为装饰画。所以，行画尽管反映了大众艺术消费品的勃兴，却并不能代表大众艺术消费品的艺术水平和文化气质。在当代艺术市场中，我们要做的是如何将“艺术消费者”逐渐向“艺术消费主体”转变。

二、行画消费的主体幻象及自我期待

“艺术消费者”通常是指具有一般艺术水平的艺术品爱好者，他们满足于现有艺术品的艺术水准，跟随当前艺术市场的大众趋势而消费，具有较为被动的特点。尽管艺术消费者是当前各国艺术市场的主要群体，然而“依赖于顾客的自我需求将意味着长期市场构想的失败。顾客并不一定是他们需求的最好信息源。在不同的环境条件下他们并不懂得如何做出反应。有时顾客不得不与市场构想相适应，去学习新技术、新观念以及新的行为方式来期待未来的需求。这并不是说市场运营者拒绝市场构想，而是说顾客不应该局限于当前，而应对未来的需求有所期待”①。对未来需求有所期待的艺术消费者是构建艺术消费主体的前提和基础。除此之外，艺术消费主体必须具有较高的艺术鉴赏水平和审美能力，并乐于搭建艺术与商业之间的桥梁，致力于艺术品之艺术性与商业性之间的互动平衡。同时，艺术消费主体除了对当前的自我需求有清晰的认知和定位以外，他们还应具有自己独特的艺术消费观点，以促进当代艺术市场的多元化发展。另外，他们应对未来艺术品的品类和艺术特点有主动、积极的期待，从而以较高艺术水准的消费需求促进艺术创作水平的提高，最终形成艺术创作与艺术消费的良性循环。

构建“艺术消费主体”目前只能算理论层面的一个设想。问题的关键在于，在我国当前的大众艺术消费群体中，为什么占绝大多数的仍是一群平庸

---

① Doo Syen Kang. *Measurement of Art and Cultural Consumption Behaviors for Developing Strategic Communications*（Ann Arbor：UMI Dissertation Publishing，2009），pp. 18.

不奇的艺术消费者？以行画的消费为例，对于一些较为粗糙的名画复制品，竟然也有成批的消费者趋之若鹜。原因只有一个：价格便宜。在这里，低廉的价格轻而易举地掠夺了艺术价值，直接的商业逻辑粗暴地控制了艺术规律。我们不禁要问：究竟是粗浅的艺术商品造就了庸俗的艺术消费者，还是庸俗的艺术消费者导致了艺术商品的粗浅？利昂.G. 希夫曼认为，消费者的行为常与他们的自我形象有关。研究人员发现，消费者的自我形象主要表现为以下几种类型：（1）实际自我形象（actual self-image）——消费者实际上是如何看待自己的；（2）理想自我形象（ideal self-image）——消费者想象中的自我形象；（3）社会自我形象（social self-image）——消费者认为别人对自己形象的看法；（4）理想社会自我形象（ideal social self-image）——消费者希望别人对自己形象的看法。在以上几种惯常的分类法之中，希夫曼认为，在实际自我形象和理想自我形象之间还存在着另一种自我形象——期望自我形象（excepted self-image），即消费者期望自己在将来某个时刻能够达到的形象。①

显然，在行画消费群体中，尽管大多数购买者仅仅是具有一般审美水平的“艺术消费者”，但由于行画是对名人作品的仿制，这便使行画在名人效应的光环下瞬间具有了“镀金”的艺术魅力。在《机械复制时代的艺术作品》中，本雅明在强调技术发展给艺术祛魅的同时，也一再暗示，工业化的进程会迎来世界的返魅。塞缪尔·韦伯（Samuel Weber）在阅读本雅明的这本著作后，取媒介（media）与灵晕（aura）的词形组合，独创了一个新名词：mass mediauras（译为“大众媒光”）。②从构词上分析，mediauras（“媒光”）一词分明寓意着在机械复制时代，媒介同样可以赋予大众文化新的灵韵，带给受众新的“膜拜价值”！于是，在“媒光”闪现中，艺术得以返魅。作为艺术复制品的行画，看似在不断地复制中削弱了自身的艺术价值，

---

① ［德］利昂.G. 希夫曼：《消费者行为学》（第10版），江林，等译，中国人民大学出版社，2012，第134页。

② See Samuel Weber, “*Mass Mediauras; or, Art, Aura, and Media in the Work of Walter Benjamin*,” in David S Ferris ed., Walter Benjamin: *Theoretical Questions* (California: Stanford University Press, 1996), pp. 21.

但凭借闪耀的名人光环和先进的复制技术，行画的艺术价值并不在于原作的艺术创作价值，而衍变成了画师或机器的模仿价值。衡量行画艺术水平高低的不再是传统艺术作品中的“美”或“不美”的范畴，而变成了“像”或“不像”。若与原作相“像”，则被视为优等；反之，则被看作低劣。人们对行画的追逐不仅仅是因为名人第一次从博物馆或美术馆的神坛走向普通市民，更是因为高科技给这种艺术品带来了酷炫的“媒光”——通过机械瞬间复制的行画竟然可以与巴黎卢浮宫的世界名画相差无几！如此，按照希夫曼的理解，在行画的消费中，期待自我形象占了主导：每一个行画消费者都期望通过拥有名画或者说假借名人光环而获得理想自我形象或理想社会自我形象，从而建构起以自我意识为主导的艺术消费主体。

在通往艺术消费的途中，自我应该以怎样的方式确立起契合其双重身份的主体？在后精神分析学家雅克·拉康看来，主体并不是一个预先存在的实体，而是一种关系，一种与他者建构起来的关系。自我最初是一种“零度”存在，是在后天与他者的互动中才获得的一种存在意识或心理感觉。他者是自我形成的主导者，甚至决定着自我的角色。他者可以是一个家庭，获得家庭的承认就意味着家庭自我形成的可能；他者也可以是一个社会，满足社会的需要就会形成社会性的自我。在其精神分析学的主体论中，拉康认为，“如果主体可以看作是语言的奴仆，那他就更是某种普遍性的话语的奴仆，从他出生之日起，只要被取名字，他的位置就已铭刻于其中”①。依此，拉康以语言学的方式确立了人类主体的三元结构：真实说话的自我（在场的真实主体），言语称谓词中的“我”（象征主体）以及镜像阶段想象中的自我。在拉康看来，婴儿虽然步履不稳，却可以支配自己在镜中的形象。随着自我身体的摆动，镜中形象随之产生相应的变化，婴儿对这一现象兴奋不已。此刻婴儿把自我等同于镜中的这一理想形象，暂时克服了因身体不稳带来的困扰，从而获得了一种超前的自我意识。行画正如其消费者的镜子，在这面魔幻的镜子中，艺术消费者看到的是一个具有艺术品位的理想自我形象。然而

① Jacques Lacan，“*The Agency of the Letter in the Unconscious or Reason Since Freud*”，in écrits：A Selection，trans. Alan Sheridan（London：Tavistock，1977），pp. 148.

拉康认为，“镜子阶段是场悲剧，它的内在冲劲从不足匮缺奔向预见先定——对于受空间确认诱惑的主体来说，它策动了从身体的残缺形象到我们称之为整体的矫形形式的种种狂想——一直达到建立起异化着的个体的强固框架，这个框架以其僵硬的结构将影响整个精神发展。”① 所以尽管镜子制造了理想的自我，但这个自我永远是他者视像中的虚假自我，是个异化而分裂的自我，当自我建构起在社会中的理想形象时，最终这个理想的社会形象会束缚着自我精神的自由发展。因此，作为名画复制品（而不是艺术原创作品）的行画，呈现的仅仅是艺术消费主体的自我幻象，它离真正的艺术消费主体还很远。

三、行画消费的艺术幻象及其意义

在目前的大众艺术市场中，主体只能作为一种自我幻象而出现，其主要原因不在于市场作用的大小，尽管“当前市场决定着成功，令人印象深刻的教训是今天市场的失败也并不意味着作品在将来没有艺术意义”②。如此呈现出的一个事实是，在艺术市场这个特定的场域中，艺术有其独特的发展规律，不会轻易受到商业市场的牵制。然而，当前我国的行画消费已出现商业对艺术的过度干预，艺术商品的内在结构已失衡。在行画消费者的蜂拥迷狂中，我们不得不审视这种艺术复制品对精英艺术造成的重大冲击及其潜藏在其后的危险暗流。具体表现在：一，忽视市场供求的基本规律，对行画的大量复制、成批量生产造成了产品的严重滞销，这是对艺术市场资源的极大浪费；二，行画以低品质、低价位的行销策略与真正的艺术品展开竞争，甚至违背人文良知，加入赝品行列，严重扰乱了中国艺术品的价格体系以及正常的市场秩序；三，就出口的行画来说，行画对精品名画的仿制容易误导国外普通民众对中国艺术的认知，这对中国艺术的海外传播以及国际影响极为不利。显然，当前的行画消费市场迫切呼唤真正具有较高艺术水准的艺术创作主体来创出优秀的艺术作品。

---

① ［法］拉康：《拉康选集》，褚孝泉译，上海三联书店，2001 年版，第 93 页。

② Stuart Plattner, *High Art Down Home—An Economic Ethnography of a Local Art Market* (Chicago& London: The University of Chicago Press, 1996), pp. 33.

柏拉图曾把艺术作品视为世界“摹本的摹本”和“影子的影子”，以此来讽喻艺术作品的虚幻。按照柏拉图的理解，那么作为艺术复制品的行画，想必只是影子的孙子——地位更加糟糕！然而，正如上文所言，机械复制时代的行画在大众时代重新返魅，闪耀的“媒光”向世人已宣布它也是当今时代不可或缺的艺术品之一。无论行画如何“不真实”，如何虚妄或糟糕，我们都不能否认它的艺术品属性，虽然它仅仅代表了大众艺术品的范畴。我们习惯以传统精英艺术的标准来衡量当今的大众艺术，喜欢以传统的思想来评判当今通俗艺术的合理或不合理。这种静止的审美观和艺术批评视角正体现了文化狭隘主义者的立场，其故步自封的姿态必定阻碍艺术发展的多元化以及艺术家的创新，从而最终导致艺术形态的单一和艺术精神的落寞！美国当代美学家肯德尔·沃尔顿（Kendall L. Walton）断言，艺术是一种范畴，“艺术作品的特征与它属的范畴相关，只有在其作品所属的那个范畴中，艺术特征才属于那个范畴。即缺乏那项艺术特征，这件艺术作品会从那个范畴里被驱逐或将要被驱逐”①。行画属于大众艺术品的范畴，自然具有大众艺术品的一般属性，如用于大众日常生活，具有观赏价值，可批量制作等实用艺术品的特征。

在对待艺术作品的态度上，美国符号美学家苏珊·朗格似乎更为温和，且更具有平等色彩。她说：“每一件真正的艺术作品都有脱离尘寰的倾向。它所创造的最直接的效果，是一种离开现实的‘他性’（otherness），这是包罗作品因素如事物、动作、陈述、旋律等的幻象所造成的效果。”② 在苏珊·朗格看来，艺术幻象是所有艺术作品的本质属性，是艺术形式经过抽象之后所体现出来的符号意义，对现实的超离是艺术幻象的审美效果，每一种艺术形式都以创造这种不同于现实本质的“他性”审美为旨归。作为大众艺术品的行画，其艺术属性虽然不同于真正的艺术作品，但它通过模仿艺术原作的艺术形式以及美学效果，呈现出的是一种“艺术

① Kendall L. Walton, *Marvelous Images on Values and the Arts* (New York: Oxford University Press, 2008), pp. 199.

② ［美］苏珊·朗格：《情感与形式》，刘大基，等译，中国社会科学出版社，1986，第55页。

幻象的幻象”。模仿之后的幻象，貌似削弱了原作艺术幻象的审美效果和情感意义，甚至仅仅保留了原作艺术幻象的“躯壳”，但这点残留的艺术光晕在一般艺术消费者看来依然具有崇高的艺术价值。从这个意义上来说，“艺术幻象的幻象”并不具有虚假或造作之嫌，而仅仅体现了对艺术原作的膜拜和追捧。这从侧面更加映衬了艺术原作的魅力，也更加凸显了艺术原作的艺术价值。

苏珊·朗格把艺术幻象归为美学范畴，引申出“基本幻象”和“二级幻象”的基本概念，并以“基本幻象”作为划分各门艺术的主要尺度。在《艺术问题》一书中她明确提到，每一种大型的艺术种类都具有自己的基本幻象，也正是这种基本幻象，才将所有的艺术划分成不同的种类。①“基本幻象”在不同的艺术门类中分别体现为不同的艺术形式，如造型艺术中呈现的是虚幻的空间，音乐艺术中表现的是虚幻的时间，舞蹈艺术中体现的是虚幻的力，以诗为代表的文学艺术中隐喻的是虚幻的生活。艺术的种类繁多，各种基本幻象呈现的景致也不尽相同。除此之外，在不同的基本幻象下还存在着二级幻象。二级幻象指的是在某一门艺术作品中所体现出的另一艺术种类的基本幻象。如绘画艺术中的“韵律”体现的就是音乐艺术的基本幻象，所以“韵律”在绘画艺术中是二级幻象，而在音乐艺术中则是基本幻象。苏珊·朗格解释道：“某种艺术的基本幻象，可能象回声一样，作为另一种艺术的第二级幻象出现。”② 可见，二级幻象正如上文提到的“艺术幻象的幻象”，它始终处于从属地位，体现的是艺术品的次要属性，并且它的存在或失去并不影响基本幻象的属性。因此，基本幻象主导着二级幻象，决定着艺术品的基本性质和类别，而二级幻象则辅助着基本幻象，赋予艺术品以更丰富、灵活和广泛的创作和欣赏空间。就行画来说，按照苏珊·朗格的解释，它作为艺术原作的二级幻象，在模仿复制的过程中，它并未影响艺术原作的基本属性。只是在艺术市场的流通环节，受商业利益的蛊惑，人文良知出现偏颇，致使部分行画潜入赝品之流，造成艺术市场的震荡。所以，行画市场

---

① ［美］苏珊·朗格：《艺术问题》，滕守尧译，南京出版社，2006，第51页。

② ［美］苏珊·朗格：《情感与形式》，刘大基，等译，中国社会科学出版社，1986，第137页。

的发展除了要有较高艺术素养的艺术消费主体、艺术创作主体外，更需要良好的艺术市场管理者。

四、艺术授权的未来

当前我国行画的生产基地主要以深圳的大芬、福建的莆田、厦门的乌石浦与海沧以及山东的青岛为主。然而在这几个生产基地中，只有深圳的大芬油画村是国际著名的行画生产和交易中心，占到了国内行画总量的80%以上。大芬油画村的行画市场走在前面的主要原因是，其行业作品具有较高的艺术水准和相对完备的艺术授权体系。值得注意的是，我们呼吁要提高行画的艺术水平并不意味着要剥夺行画存在的权利，而是在尊重其复制品属性的基础上，加强当代科技对行画创作的积极作用，从艺术形式和材料质感上入手，扩大行画的题材和品类，在横向和纵向两个维度上进行深度开发。对于艺术授权，深圳大芬行画经营者的自我要求是，在复制已过版权保护期的作品时务必做到三标：标原作者姓名，标作品名称，标临摹者姓名。所以，艺术授权使我们看到了行画未来的希望。

在国外，行画有着悠久的历史，经过艺术授权的高仿行画已成为当今世界各大艺术博物馆和私人收藏馆的艺术品收藏形式。尤其是艺术水准和复制水平较高的限量版行画，经过岁月的洗礼依然历久弥新，同样印证了经典艺术的永恒魅力。艺术授权使艺术市场与艺术产业衔接，形成了互补优势，可有效避免二者孤立运营时的诸多弊端。因为艺术市场侧重艺术品的销售，以商业规律为主导，而艺术产业侧重艺术品生产环节的最上游——创意研发，注重艺术创意的价值，二者恰好处于文化创意产业“U”形曲线的最两端，体现了艺术与商业价值的最优化。而如何使艺术授权制度更好地嵌入到艺术市场和艺术产业中，促进大众艺术市场的生态式发展，是对高校和有关部门的艺术管理者们提出的新要求。我们希冀以一种审美省思的形式唤起相关领域和部门对中国大众艺术消费群体的关注，去关注那些被忽略已久的底层民众的艺术爱好、艺术追求乃至艺术理想。

第三节　时尚消费的悲剧及其意义

在挪威当代哲学家拉斯·史文德森（Lars Svendsen）看来，时尚是一种历史现象，也是一种审美哲学。它渗入到消费领域，作用于现代世界的中心，甚至已成了人类的“第二本性”。史文德森觉察到了时尚的哲学功能，他断言：“时尚不是普遍性的。它并不是存在于任何角落、任何时间的现象。它的根要么深植于人类本性之中，要么深植于群体机制之中。”① 时尚与现代性同生，“奉行一种现代主义的标准，这种标准意味着，一种新时尚会取代所有以前的时尚，并且使以前的时尚变得冗余而不必要。”② 在后现代消费的情境中，时尚以逐新与求奇的原则，也在探讨着什么是意义，什么是身份的存在主义难题。

一、时尚消费中的“文化悲剧”

在史文德森看来，“时尚”是个很难定义的词。为了说明“时尚”的基本内涵，他结合亚当·斯密、康德、西美尔和利波维茨基对时尚的论述，把时尚分为两大类：一类是作为服饰的时尚，另一类是作为总体性机制或意识形态的时尚（服饰也包含在其中）。然而，史文德森并不满足于这种粗略的界定，他试图去寻找究竟是服装自身还是服装所具有的性质构成了“时尚”。通过对罗兰·巴特有关时尚意义体系的借鉴，史文德森推出：“时尚”一词比“服装”一词的外延更为广泛，时尚更指向一种既定的性质（或一个各种性质的特殊组合）。因为服装在时尚出现很久之前就已经存在了，有很多现象并非服装，但却可以被描述为“时尚”。问题的关键在于，“时尚”所指向的这种性质究竟是什么？史文德森的困惑也正基于此。最终，维特根斯坦的“家族相似”理论给予了他新的启发：在我们称之为时尚的任何事物之间，并不共享任何单一的性质，但这一切事物都围绕着这个复杂的相似性网

① ［挪威］拉斯·史文德森：《时尚的哲学》，李漫译，北京大学出版社，2010，第17页。

② 同上书，第27页。

络互相连通在一起；对于时尚的概念，必须通过使用我们称之为时尚（或者不时尚）的例证来不断地逼近概念的核心。

尽管时尚的概念是笼统的，但史文德森确信，在我们的世界中，在这段历史时期里，已经不可能有人能够悠然独处于时尚范畴之外。他认为，即使是西方世界中最贫穷的人，尽管他们已经意识到自己无法参与到时尚之中，他们也在相当程度上被裹挟进了时尚领域之中。基于此，史文德森把时尚与现代性关联起来，认为时尚的发展史恰恰标示了现代性的发展方向，“而且现代世界的特征是，消费者可以进行选择的对象的数目在急剧增长。”① 按照西美尔的理解，消费者完全被如此丰富的商品所淹没，会导致消费者无法将消费对象充分融合进其生活计划中，其结果是主体完全受到客观的文化变迁的支配，彻底丧失权威。就时尚而言，服装原本是由主体创造的，理应为主体所使用。然而，事实却相反，一旦时尚被创造出来，就形成一股强大的洪流，使得主体不得不去适应客体（服装）。可见，在时尚消费中，主体并不具有压倒性的优势，相反，由主体所创造的客体（潜在的时尚潮流）却脱离了它们的起源并开始形成自己的逻辑。在史文德森看来，这正是西美尔所说的“文化悲剧”的核心。

西美尔“文化悲剧”的提出源于其对现代文化危机的诊断。货币在现代生活中的奔涌，无情地抹掉了生命的底色，它给现代人的生活提供了持续不断地刺激，“给现代生活装上了一个无法停转的轮子，它使生活这架机器成为一部‘永动机’，由此就产生了现代生活常见的骚动不安和狂热不休”②。货币对现代生活的全面渗透，导致物质文化的空前膨胀和工具理性的横行，导致客观文化对主观文化的全面压制，最终会使整体文化景观全面衰竭。“文化悲剧”的实质是在现代文化发展过程中，内在的生命冲动与外在的文化形式之间持续不断的二元对抗。生命冲动如内发的火山岩浆，在不断涌动中希冀通过外在的文化形式表现出来，从而形成客观文化；而文化形式犹如固化的火山外壳，限制并拒绝生命冲动的肆意流淌。然而，在货币文化的侵

① ［挪威］拉斯·史文德森：《时尚哲学》，李漫译，北京大学出版社，2010，第119页。

② ［德］西美尔：《金钱、性别、现代生活风格》，顾仁明译，学林出版社，2000，第12页。

入下，文化形式终究阻止不了生命冲动的狂热，生命冲动的岩浆最终不断铸造着新的客观文化，直至完全被客观文化所覆盖。整个现代文化的发展史就是不断处理这种矛盾的进化史，而且冲突会无休无止。“形式在产生之时或许完全适合生命，但随着生命的不断演化，形式会变得僵化，会从生命中脱离出来，并与生命相敌对。……生命与形式从一开始就处于一种潜在的对抗之中，并在活动的许多领域表现出来。从长期来看，这种对抗关系最终会发展成为一种普遍的文化危机。”①

史文德森在时尚消费的痼疾中看到了西美尔“文化悲剧”的典型征候，对时尚消费的后果不无堪忧，直言“时尚中有一个现代性的关键特征——对传统的摒弃。……但在时尚中也蕴含着一个现代性不愿认可的因素，那就是：时尚是非理性的，它会为了变化而变化。而在现代性的自身形象中，变化却是为了逐渐走向理性的自决”②。于是，史文德森归纳出时尚的最基本特征——逐“新”，认为现代化已成为逐“新”的同义词。然而悲剧也正在于此。由于时尚对逐“新”的迷恋，视“新”为时尚的唯一法则，现代性中“美”也被迫让位于“新”，甚至被时尚排除在外。史文德森引用康德时尚理论中对“新颖”的偏爱以及时尚无关乎审美的论断，重申：时尚中的美不具有任何功能，而在于完完全全的暂时性。一切都是过客，匆匆的虚妄！史文德森解释道，“美”在时尚中的稍纵即逝是因为艺术受制于时尚的逻辑，时尚与现代艺术二者都被一种“创新驱动力”所左右。正如前现代艺术家受制于“在传统的框架内坚守”这样一种诉求，现代艺术家也受制于另一种诉求，即“超越这种框架，并且一直创造新事物”。不断地与过去的一切决裂，并不是一种自由选择的结果，而更是现代艺术严格规范的结果。史文德森相信，在无关乎“美”的时尚中，不断地变化、不断地向前似乎才是时尚成其为时尚的理由——尽管这是一种无目的的奔跑。

时尚的本质是短暂的，它不断解构语境又重构语境。正如鲍里斯·格洛

---

① Georg Simmel, *The Conflict in Modern Culture and Other Essays* (New York: Teachers College Press, 1968), pp. 11 – 12.

② ［挪威］拉斯·史文德森：《时尚的哲学》，李漫译，北京大学出版社，2010 年版，第 19 页。

斯所描述的，时尚的持续变化取消了普遍真理存在的可能，使其不可能决定未来。时尚将自身的逻辑几乎强加于现代社会的所有领域，因而变得无所不包。史文德森喟叹："时尚已经征服了绝大多数的领域，但在此过程中它迷失了自我。它无处不在，但正因为如此也意味着它无所依存。"①

二、在荒谬的符号价值中构建个人认同

史文德森看到了时尚消费中的"文化悲剧"，似乎表明他是一个文化悲观主义者。因为"在文化悲观主义者看来，无论你从什么视角看待这个问题，市场总是受制于短期利益，而不是它所应该承担的长远社会抱负。当涉及保存并充实人类无价的文化传统的时候，市场会自行创造一种现代性的幻象来遮蔽这种短期利益"②。时尚消费的文化悲剧在于，在客体文化霸权的支配下，人已经被他自己所创造的客体精神呼来喝去，玩弄于股掌之间。然而，正是在这种情况下，个体试图强调他们自己是特别的，期望通过保留一些最私人化的特点与性质来保持独特与殊异，以证明自己的存在。而这种努力正是通过消费具有特殊符号价值的客体对象来实现的。史文德森说，作为最后的手段，我们追逐高度抽象并且非人化的存在，只是为了展示出作为独特个体的我们到底是谁，这是非常荒谬的。他认为，时尚总是蕴含着两个对立的要素，它在以个体展示出作为自我一面的同时，又总是将自己视为群体中的一员。基于此，史文德森把一个穿上时尚服装的人视为"一个活生生的荒谬的存在"，因为他同时崇尚并表达着个人主义和顺从主义。

存在主义哲学家雅斯贝尔斯在探讨"人是什么"的本体论命题时坦言，人只有通过自己和他人的形象才能把握自我。"人活着不可能没有关于自己的形象。正是在形象与形象的比较中，人们才能把握住真正的自我。……而人要实现自我，又要寻找自己所崇拜的对象。在自己所爱的人中实现自我，

---

① ［挪威］拉斯·史文德森：《时尚的哲学》，李漫译，北京大学出版社，2010 年版，第 28 页。

② Xavier Greffe, *Arts and Artists from an Economic Perspective* (Paris: Unesco Publishing, 2002), pp. 208.

又在那些为自己所鄙视的人中弃绝自我。”① 对于“人的存在”的终极命题，史文德森尝试从时尚消费的维度中寻找答案。他明确，在一个消费社会里，不仅所有的商品被转变为符号，而且所有的符号也被转变为商品；符号价值已经取代了使用价值，我们与客体对象的关系已经越来越与使用价值无关，一个人占有什么样的符号，就是在标明他是一个什么样的人。就时尚来说，处于一个特定时尚圈的人必定是具有特定“阶级标识物”的人。凡勃伦和西美尔就把时尚视为上层社会的创造，目的是在上层社会内部以及上层和下层之间制造一种区分；布尔迪厄直接把上层阶级视为时尚发展的驱动力，下层阶级通过模仿上层阶级的时尚趣味来获得社会认同。因此，布尔迪厄重视“区分”的重要性，认为恰恰是“区分”创造了稀缺性，以此将他人排除出去，从而在排除他人以后获得充分的符号价值。史文德森认同时尚的这种阶级区分论，并归纳出时尚传播的“滴流”机制：时尚创造于社会顶层，然后如水滴般渗透、滴流到各个社会阶层。不同于凡勃伦和布尔迪厄的扩散模式，史文德森的滴流机制并不仅仅限于从上层到下层之间的垂直模仿，他吸收了塔尔德的自下而上的现代模仿律，认为时尚的传播还包括水平层次的新旧交替。由此可以看出，史文德森的时尚传播机制并不单独站在社会精英主义的立场，也不是塔尔德充满人道主义精神的平民立场，而更具有大众普适性和社会民主色彩。

尽管史文德森承认社会认同对建构符号价值的重要性，但他依然批判了传统时尚理论所依存的“阶级概念”，断定“阶级概念在今天已经不再适用了。当今的消费不是与阶级认同相关联，而更多的是与个人认同相关”②。然而，对于在时尚消费中构建个人认同，史文德森并不认为这会是一种成功的路径，相反，他断定其结果一定会是失败。在他看来，建立在符号价值基础之上的后现代消费，根本无法通过一个虚拟、缥缈的符号价值来建立个人认同。因为这些符号到底象征着什么，我们并不清楚。史文德森同时认为，商品的意义不是由某一个特定派别的人所完全决定的，它的符号意义服从于

① 熊伟：《存在主义哲学资料选辑》（上卷），商务印书馆，1997，第720页。
② ［挪威］拉斯·史文德森：《时尚的哲学》，李漫译，北京大学出版社，2010，第126页。

不同人群之间的“协商”。这就排除了商品符号价值的唯一性，即符号背后的内涵应该是广义的。同时，史文德森认为，符号的意义也会随时产生变化，尤其是当产品进入市场后，符号的意义也就飞快地消失了。为此，史文德森以亚文化、反文化进入市场后其文化个性即被“磨平”的例子来证明，从时尚的角度看，反文化和现存文化之间并不存在真正的对立。因为在时尚逻辑中，一切都要服从不断“变化”、不断“求新”的原则。尽管我们为了抵抗持久性的缺乏，不停地寻找新事物，并且成为新事物的主要消费者，但新事物的生命周期总要受到时尚变迁的支配。在新旧更迭之中，时尚恰恰消解了它自身，成为自身的幻象。正如史文德森所说：“时尚的本质是生产有效的符号，而这些符号不久就成为无效的符号。”①

在史文德森的时尚哲学中，时尚包含了三种功能：模仿符号、生产（或称建构）符号以及解构符号。三种功能体现了时尚演进的历史深度，并依次对应着古典时尚、现代时尚和后现代时尚三种不同的文化形态。在古典时尚中，时尚符号通过阶级区分来体现着自己的身份品味；在现代时尚中，时尚符号通过创建符号来体现与众不同，彰显自己的独特魅力；而在后现代时尚中，时尚符号以玩笑般的虚无主义态度来蔑视权威、忽视独特、漠视符号。在后现代时尚形态中，一件时尚事物可以有无数种解读方式，因而，时尚事物的本身已失去了符号的意义。解构之后的后现代时尚质疑任何形式的文化编码，以嬉戏般的状态清除了传统符号的一切能指和所指，只留下空虚或荒谬。如果说，在传统时尚中，时尚符号指向社会认同（群体认同），现代时尚重视个人认同，那么后现代时尚则漠视任何认同，在漂浮的符号中转向一种非理性的狂欢。

三、对快乐的追逐及其虚假的自由

时尚对符号意义的不断消解，促使“我们陷入了经验之中，而经验完全就是感性刺激。……事实上，这是后现代商品具有吸引力的一个重要部

---

① ［挪威］拉斯·史文德森：《时尚的哲学》，李漫译，北京大学出版社，2010，第130页。

分——我们很快就能替换它了”①。在看似文化悲观主义者的表述中，史文德森对时尚消费的理解实际上蕴含着更多乐观的情绪。在后现代消费之中，我们不能奢求永恒，但可以寻求变化。即使是为了变化而变化，但在此过程中，后现代消费者体验到的也是一种满足，一种或许仅仅关乎当下的片刻的欢娱。

史文德森总结了后现代消费者的两种愿望：一是追求快乐，以消费来满足内心的快乐；二是对快乐的追求，快乐本身并不重要，关键是追求快乐的过程最为重要。尽管史文德森并没有揭示这两种愿望究竟哪一种才是后现代消费者的最主要的特征，但他道出了后现代消费者与古典消费者的明显不同。史文德森认为，古典消费者的消费是为了生存，与一定社会的物质发展水平相适应。在严格的社会标准中，古典消费者明确地遵循道德标准，借以衡量什么情况下消费得过多（贪欲问题），什么时候消费得过少（贫穷问题），而且这种社会标准从来不允许离满足生理需求过远。史文德森把古典消费中的这种需求概括为“自然的需求”，而把后现代消费中的需求称为“人造的需求”。显然，两种需求的界定仅仅限于相对的主导性，并不具有绝对的排他性。史文德森并不赞同鲍德里亚将消费社会的需求完全“去自然化”的表述，认为即使我们不能在“自然的”和“人造的”之间划出绝对的界线，但这并不意味着我们因此就彻底放弃二者的区别。在他看来，消费社会中的“自然需求”仍是存在的，只是不再具有主导的规范性，驱动消费的已不再是“需求”，而是变成了欲望！

问题的关键在于，在后现代消费中，究竟是什么样的欲望不断驱使着人们去消费？借用亚里士多德的快乐主义伦理，史文德森指出：快乐自身就是人们进行消费的目的。在时尚消费中，消费并不能将我们正在需求的意义给予我们，仅仅提供了一种人造的意义，但正是这种人造的意义会使我们快乐，并使所有的社会形态获得了一种似乎什么也不缺的理想状态。换句话说，人造的意义制造了一种虚假的符号价值，却带来了自然需求的满足，同

① ［挪威］拉斯·史文德森：《时尚的哲学》，李漫译，北京大学出版社，2010，第130－131页。

时也使消费主体获得了快乐的体验。即在后现代消费的逻辑中，一切不能使我们变得快乐的消费都是无意义的。在此，快乐似乎变成了一种消费上的诱惑，但“诱惑是以空虚的吸引力为基础的。作为一种形而上学，它是现代时尚的特点，也同时是后现代时尚的特点。……因为在后现代时尚中，符号的使用是随意的，儿戏般的——而且在后现代时尚中，对于意义的追求掩盖了意义的空虚”①。

罗兰·巴特在对时尚体系的研究中指出，幻想中的产品与真实的物体之间总有一道深深的鸿沟：我们所想要的服装是那种展示出来的、具有象征意义的服装，但在现实中，除了具有实际功能的服装外，我们永远也不可能使用其他服装。坎贝尔确信，想象中的对象与真实的对象之间的差异造成了一种“持续的欲求”（continuous desire），正是这种欲求推动了消费。史文德森把罗兰·巴特和坎贝尔对消费动力的理解称之为一种“浪漫主义的解放”，直言从规则和约束中获得的这种浪漫主义的解放，恰恰使消费具有了更宽广的视野——消费成为人们发展自由的一个主要领域，消费成为一种表达自我个性的方式。因为在史文德森看来，消费社会的修辞在很大程度上是反文化的修辞，个体在消费中并不是完全被动、顺从的，而是主动、有选择性的。尤其在时尚消费中，个体基于反文化的个性化要求，消费反而具有更大的创造性。

然而，对消费目的的乐观描述并不能从根本上解决时尚消费内蕴的困境。不断变化的时尚逻辑告诉我们：开创一种形式的自我实现总是意味着取消它的另一种形式。在规束和解放之间，新时尚对旧时尚的不断否定，似乎只是一种表象的狂欢。史文德森肯定新时尚中蕴含的伟大的解放力量，赞扬它将个人从旧有的力量中解救出来。问题在于，随着一种压迫被另一种压迫所取代，个体随即成为新时尚暴政的臣民。现代性将我们从传统中解放出来，但它又让我们成为新权威的奴隶，而且这种新权威拥有更为强大的规制力量。

---

① Alison Lurie, *The Language of Clothes* (Canada: Bloomsbury Publishing Plc. Penguin Group, 1992), pp. 106 - 107.

至此，史文德森对时尚的忧虑变成了一种对现代性的恐慌。不是对现代性本身的恐慌，而是对人在现代化过程中遭遇的“消费异化”的恐慌。在被消费异化的现代人眼中，“人生的意义就在商业和制造业之中，而不在心灵和灵魂中。人的尊严和独特品格被市场和广告世界所毁灭，友谊、欢乐、爱情、亲情和忠诚皆为商品，皆在名牌汽车、昂贵香水、地位标志和体育比赛入场券的流通中买卖。市场和消费影响着我们私人生活和公共生活的每一领域，以及我们意识行为的每一层次，直至我们总想把自己和他人都看作商品”①。当现代人被导向以高消费来体现人生的价值时，人们便不再关心本真的生存状态，不再关注文化的价值。在把生活意义编织进虚幻的时尚消费所代表的那种生活方式中时，现代大众实际上是以犬儒主义的心理构筑了一种虚假的自由。面对时尚消费不可避免的痼疾，史文德森似乎痛心不已：“在时尚圈里，令人窒息的激情与致命毒性的无聊互相唱和。我们从一系列传统束缚中解放出来，但是又成为新机制的奴隶。我们坚韧不拔、不断努力地表达着我们自己的个性，但是吊诡的是，越这样做，似乎就越仅仅只表达了抽象的非人格性。”②

四、乌托邦的意义

时尚消费的悖论体现了现代人在自我与他者之间的生存尴尬。在解构了符号和意义之后，消费社会中，人应该如何存在？在琳琅满目的商品中，人究竟如何确认自我的存在？对此，史文德森仍然以积极乐观的态度肯定了“消费”给当下人的生存状态所带来的启示：“消费填补了存在的真空，否则它可能就会是一个空缺。我们的乌托邦就是消费社会——在这个社会里，作为个体的我们能够通过消费商品来实现自我。”③ 正如王尔德的戏剧中所说：在这个世界中，仅仅只有两出悲剧，一出是一个人得不到他想要的，另一出是他得到了他想要的，而后者更糟糕，它才是真正的悲剧。史文德森据

① Houston, Jame, *The Heart's Desire*, *A Guide Personal Fulfillment*, *A Lion Book* (Oxford: Batavia Sydney, 1992), pp. 13.

② ［挪威］拉斯·史文德森：《时尚的哲学》，李漫译，北京大学出版社，2010，第12页。

③ 同上书，第135页。

此归纳出，如果消费是我们生活的目的，那么也许“我们永远也得不到我们想要的”反而成了一种慰藉。因为在时尚消费中，标准总是在变动，我们无法达到真正的标准，因而永远也不会靠近终点线。

这是一种对理想的追逐，可以无限接近，但却无法真正到达，在不远的前方永远有一道充满希望的亮光。在人与消费社会的关系中，史文德森似乎对“消费”做出了退让。这种退让一下戳穿了当代哲学的文化软肋：在物化生存的处境中，我们惯常以鸵鸟主义的心态来回避当下的某种困境，不再去追溯远去的历史，也不再展望不远的将来。这不仅是存在主义哲学在当代消费语境中的一种妥协，更是对人性弱点的深刻痛击！从史文德森对时尚消费的整体论述中，我们依然可以在乌托邦式的悲剧中寻找到一种反乌托邦的意义。也正如鲍德里亚所说：“时尚解除了符号的一切价值和一切情感，但它又重新成为一种激情——人为的激情。”①

① ［法］让·波德里亚：《象征交换与死亡》，车槿山译，凤凰出版传媒集团，2006，第136页。

第六章　文创产品审美化消费开启的产业境域

在以物质需求为主的传统消费方式中，人们的生存困境不仅来自物质的匮乏，更源于精神需求的匮乏。在物质丰富的现代消费社会中，精神的需求凸显，文化消费尤其是审美消费对人们的生存质量有着重要影响。文创产品的审美化消费表面看来体现为艺术对文化场所的美化，即韦尔施所说的“表层的审美化”，但更深层次地体现为对人类生存问题的关注，从文化生态的角度，开启的是更为广阔的产业生存论境域。

第一节　在艺术中探寻东方美学及产业发展的基石

在对哲学形而上式的长期追随中，美学似乎一直是一只脚站在人类文化的屋顶上眺望。当遭遇现代“泛审美”文化洪流的冲击时，夯实美学的根基成为东西方美学发展的必然。全球化时代，东方美学现代发展的基石是什么？东方美学该如何继承传统，开拓新方向？基于如此的追问，2014 年 7 月 7 日 ~11 日，由韩国东方艺术学会（Korea Oriental Art Institute）发起，（韩国）岭南大学艺术与设计学院（School of Art &Design，Yeungnam University）承办的“第七届东方美学国际会议——全球化时代的东亚艺术文化”（7th International Conference of Eastern Aesthetics—East Asian Culture in the Era of Globalization）围绕以下三个议题进行了探讨。

一、城市文化产业的发展模式

在世界文化体系中，不同城市具有不同的特质，由此形成了不同的城市文化属性和都市文化圈。中国文化在长期的历史发展中形成了稳定、内敛、中庸的特点，这不同于欧美文化开放、创新、即时性的特点。因此，如何借鉴西方文化，同时又能根据中国文化的自身特点来“消化”“吸收”西方文化创意产业的先进经验，形成中国城市本土化的发展模式，这是当前我们应该思考和重视的问题之一。

中国人民大学金元浦先生发现了我国文化创意产业发展的某些问题。在《我国文化创意产业发展的三个阶梯与三种模式》① 一文中，他提道：近些年，我国发展文化创意产业取得了很大成绩，但也出现了一些“虚热”的情形。我国一些城市的文化产业形成了一哄而上的局面，的确上演了很多辉煌的节目，但是它们像烟花一样转瞬即逝。接着，金元浦先生在文中分析了我国文化创意产业发展的基本特点，即三个阶梯。第一阶梯是以珠三角、长三角、环渤海这三大城市圈为主的东部发达地区，包括北京、上海、深圳、广州等一线城市，成为文化创意产业发展的第一梯队。第二阶梯是中部的发展中地区，以武汉、郑州、长沙、太原、沈阳、合肥、长春等城市构成了中部的文化创意产业发展地区。第三阶梯是西部欠发达地区，以西部的云南昆明、青海西宁、新疆乌鲁木齐、内蒙古呼和浩特、广西南宁、贵州贵阳、甘肃兰州等城市为主，构成了我国文化创意产业发展的第三梯队。

金元浦先生认为，根据这三个阶梯的不同特点，文化创意产业应该分别施行三种不同的发展模式。东部发达地区是我国文化创意产业的先导部队和发展主体，是进军国际、实现中国创造的主力。这个阶梯就应该按照国际发展的规律参与到国际文化创意产业的发展当中，参与到文化创意产业的全球竞争之中。即第一阶梯的地区可以施行与国际文化创意产业接轨的渐进式发展模式。而武汉、郑州、合肥、太原、沈阳、长春以及重庆、成都、西安等第二阶梯的城市，可以采取交叉发展的模式。第二阶梯的地区必须继续发展制造业，特别是高端制造业，保持我国实体经济在整个国民经济中的份额，同时承接东部地区制造业的转移。如安徽、湖北的一些城市。一方面它必须继续保持中国作为制造业大国、世界制造业中心的重要地位，同时还要发展更加高端的制造业，在高科技的技术创新和文化内容创新方面有所突破。即

---

① 金元浦：《我国文化创意产业发展的三个阶梯与三种模式》，《中国地质大学学报》（社科版）2010 年第 1 期。

第二阶梯的地区施行综合式的文化创意产业发展模式。西部地区因为第二产业——工业制造业没有过度的发展，所以今天保留了蓝天、绿地、美好的环境和生态奇景。在这种基础上，它可以采取跨越式的方式，面向全国，面向世界，寻找一种新的、不同于东部也不同于中部的发展模式。以云南为例，他们创造了以旅游为龙头综合发展的跨越式发展模式，给我们提供了很好的经验。金元浦先生最后提出了我国文化创意产业的整体发展模式：东部、中部、西部有着不同的发展模式，三大模式之间互相沟通、相辅相成、相需为用，我们需要构建我国多层次文化创意产业的合理架构和错位发展的产业生态平衡系统。

上海社会科学院胡晓鹏研究员针对地区文化创意产业雨后春笋般的发展速度，提出我们应该保持冷静的头脑和理性的态度。为此，胡晓鹏研究员在《文化创意产业的地区发展模式研究》① 一文中认为：产业发展模式必须具备组合化和系列化的特征，在产业发展绩效的尺度中，产业的形成要素和产业宽度是两个基本尺度。所谓形成因素，主要剖析是什么样的因素使得文化创意产业扎根于特定地区，包括地区内内生因素、地区内外生因素、地区外嵌入因素三个方面的内容。地区内生因素主要指一个地区的经济发展水平和产业完善程度；地区外生因素主要是指地方政府的作用；地区外嵌入因素强调的是外部地区产业转移对地区内文化创意产业发展的作用。所谓产业宽度，特指地区文化创意产业专业化或多样化程度，包括专业化和多样化两个类别。根据以上几个要素的组合，分别形成了特殊资源型、自然演进型、政策聚焦型、功能定位型、市场选择型和环境主导型这 6 种地区文化创意产业发展模式。如表 6－1 所示：

表 6－1　地区文化创意产业发展模式分类

	地区内内生	地区内外生	地区外嵌入
专业化	特殊资源型	政策聚焦型	市场选择型
多样化	自然演进型	功能定位型	环境主导型

① 胡晓鹏：《文化创意产业的地区发展模式研究》，《中国地质大学学报》（社会科学版）2010 年第 1 期。

（一）特殊资源型。由地区内内生因素和文化创意产业的专业化程度构成。这种具有特殊优势资源的地区，其创意产业往往会根据本地的资源来发挥优势，形成以某一具体行业为主的专业化区域。如维也纳是全世界的音乐之都，底特律是汽车之城，云南的大理、西双版纳等城市被人们看作民族风情旅游的胜地，景德镇的陶瓷文化誉满全球。

（二）自然演进型。由地区内内生因素和创意产业的多样化构成。自然演进型发展模式强调文化创意产业的自发生成、多样化特征。基于此，自然演进型模式往往与大都市圈相联系，因为发达的经济水平确保了内生性，而大规模的市场容量确保了产业结构的多样化。世界上公认的大都市圈，如纽约、芝加哥、洛杉矶、伦敦、巴黎、东京等，具有深厚的文化积淀，这是良好地区的内生因素，再加上这些地区较大的消费需求量，因而旅游产业以及其他服务也都很发达。

（三）政策聚焦型。由地区内外生因素，即政策因素和文化创意产业的专业化结构形成。政策聚焦型发展模式往往与经济发展水平不是很高、城市规模相对狭小的区域联系在一起。如浙江义乌小商品城形成的生产性文化创意基地，就离不开当地政府的支持。

（四）功能定位型。在当地政府的外在支持下，结合文化创意产业的多样化需求而形成，强调以功能为先、多业并举，共同繁荣。这类地区广泛存在于发展中国家中的特大型城市，其原因在于两方面：一方面，发展中国家在实现经济赶超的过程中，政府对经济的支配能力很强；另一方面，特大型城市经济发展水平达到一定阶段之后，往往会因为前期过渡重视工业化速度造成经济发展阶段与产业结构不相匹配的现状，这就为文化创意产业的繁荣提供了足够的空间。

（五）市场选择型。由地区外嵌入因素和专业化构成。来自地区外的产业虽然构成了其他地区的产业价值链，但它却在客观上成为转入地区对应产业的重要组成部分。在许多情况下，由地区内特定的市场所引发的外来产业转入，往往造就了本地区行业的专业化特色。比如，香港作为中西方文化的交汇地，传统的中国文化和现代的西方理念共同推动了香港广义设计业（广告、工程策划、咨询、出版等）市场的壮大。

（六）环境主导型。由地区外嵌入和多样化形成。一些地区因其具有特殊的区位环境优势，引起大规模的外来文化创意产业嵌入本地区，并在形态上形成了不同类型文化创意产业园区的发展。一般来讲，这类地区大都具有比较高的经济发展水平、区位优势和产业配套能力。较高的经济发展水平和区位优势使本地区对文化创意产业所需人才的吸引力提升，产业配套能力则确保了文化创意产业多业共同发展的巨大潜力。如上海、北京等一些特大规模的中心城市多是采取这样的组合发展模式来促进文化创意产业的腾飞。因此，在这些城市可以看到蓬勃发展的都市旅游创意业、高科技行业、专业服务的设计和咨询业等。

通过以上两位学者较具代表性的观点可以看出，文化创意产业的发展模式对城市文化产业的战略调整、整体发展具有总体指导意义。找到适合本国、本城市实际情况的发展模式，定位好城市文化产业的类型和特点，是极为重要的。在所有城市文化产业的发展模式中，关注文化长期发展和人类生存的产业形态才是持久而长远的。

二、东亚传统艺术与美学

全球化时代，东方美学的现代发展必须植根于传统艺术文化的土壤，在历史与人文传统的深处汲取丰富的营养，才可在现代工业文明的钢架上绽放绚烂。因为全球化意味着更多异质文化会在现代文明的进程中相互冲击、摩擦、生成或裂变。伴随其中的文化伤痕、思想扭曲乃至血泪嘶喊，随时孕育着新的崇高。笔者以2014年7月赴韩国参加的“第七届东方美学国际会议”为例予以说明。

正如日本广岛大学桑岛秀树在此次会议中论述的“殖民式崇高”一样：在18世纪受英国殖民的爱尔兰，迫于现实的动荡和生计的艰难，画家詹姆士·巴里（James Barry）流落于英国和爱尔兰的多个城市。在时间的流逝和政治权力的驱逐中，詹姆士逐渐成为被历史和人们所遗忘的人。然而殖民国度里的压抑与愤懑，恰恰成就了詹姆士历史画中“凯尔特人的崇高”。其画作中受伤战士和俘虏的隐忍、悲壮和如炬的目光，均体现了新古典主义极具美学张力的“殖民式崇高”。

对比长期以来东西方文化的交流与博弈，无论是西方以“后殖民”（Postcolonial）眼光俯视东方而称谓的“东方主义”，还是东方基于“文化训导”心态而颠覆西方的“后东方主义”，二者只有在全球化时代的平等对话中，在尊重人类文化共性和东西方文化个性的基础上才能互补与共生。如此，东方传统艺术与古典美学才能够在现代纷扰的物质欲望中升腾、超拔并再生。

上海师范大学王建疆就以敦煌艺术的再生为例，尝试探索全球化背景下亚洲艺术崛起的新路径。王建疆认为，全球化时代，敦煌艺术通过艺商结合的演出运营方式，完成了从壁画到舞蹈的转换，实现了除欣赏、史料价值外的文化传播价值。敦煌艺术的再生机制内蕴民族精神，外感时代变化，以事实回答了“艺术是否会终结”的命题，体现了市场对民族文化的有利影响。由此可知，东亚传统艺术的现代转化与全球化是统一的。

然而，并非所有的传统艺术均可在全球化的模板中统一定制和衡量。韩国成均馆大学的 Jung Sun-hee 以韩国黄海道省的传统驱魔术为例，指出东方传统艺术的“非典型性”（Atypia）显示了任何人都可以从这个世界获得真正的乐趣，因为人们在沉浸艺术的过程中释放了自我。笔者依此认为，与西方艺术的外放相比，东方艺术的内敛、神秘和阴柔需要有更加细化和漫长的现代转化道路。学界惯用的“现代转换”一词或许更适合西方艺术张扬的特质，代表着可在较短时间内实现更迭。然而东方艺术内生的美学特质则意味着其现代之路不是一蹴而就的，“转化”一词或许更能描述全球化时代东方美学的行走状态。

在东方美学的行走中，全球化不仅仅是一个宏观背景，更意味着东方学者以及对东方文化感兴趣的学者应该审视当前的学术现状并做出具体的回应。

天津师范大学赵利民认为，我们不能因提倡“本土化”而全盘否定西方科学主义和“技术主义”带给现代中国的影响。五四运动前后奠定的科学主义精神对中国现代技术主义的发展起到了关键作用，人文社会学者利用电脑统计分析方法进行研究已成为新的时尚。但赵利民强调，我们必须对全球化带来的技术主义进行深入反思。反思不是从现在开始，而是从技术主义在现代中国的思想源流开始。韩国岭南大学 Park Yeonsook 在谈到现代科技对艺术的影响时说，新媒体艺术不单是现代技术的产物，也流着传统文化的血液，体现着传统民族的美学意识。Yeonsook 以韩国为例，认为新媒体艺术没有隔离传统文化，而是重新创造出了新的“文化原型”；新媒体艺术没有隔离东西方，而是沟通了彼此，使我们真正“在一起”。

除技术因素外，东亚美学面临的另一现状是经济对文化的深度影响，“市场”成为文化领域的核心词。韩国成均馆大学 Soeun Park 从包装设计的字体、色彩分析中认为，市场需求可导致包装设计在视觉形象和品牌忠诚度上的改变。日本广岛大学廖魏菊（Liao Weiju）从日本现代工艺美术的商业现状谈起，倡导不牺牲艺术自性的“文化企业家精神”，呼吁通过艺术教育、企业精神培训以及商业实践等活动促成具有人文良知的艺术企业家和艺术经理人。韩国成均馆大学 Bak Sanghwan 以韩国现代历史中的纪念会仪式为例，重申“文化记忆”的重要性，并认为纪念会仪式是连接现代社会个人与个人、个人与家庭、个人与社区、个人与逝者的情感纽带，体现了人类对过往历史和文化的自觉反省。文化记忆中的创伤使我们保持足够的热情来远离当代经济发展给人们带来的负面情绪。这种辩证的矛盾正是东亚美学传统与现代之间的矛盾。缺乏哀伤的能力即意味着回避历史，隐瞒过去，当前我们要深思地是：如何去艺术地治愈这种能力？

全球化时代，艺术该如何治愈当代人缺乏哀伤的状态？精神的麻木或情感的疏离已不是该症候的核心，我们首先应认清当代艺术的状态。中国石油大学曹砚黛以中国当代艺术为例，对艺术、艺术哲学和美学三者的互文性进行了研究，认为当代艺术的发展是艺术哲学产生的前提，艺术哲学的发展又推动了当代美学的复兴。然而在互文性的影响下，当代艺术该何去何从？结合当代艺术范式的转变历程和当下人们的生活状态，曹砚黛认为，当代艺术唯有回归到生活，重新建立艺术作品与其所在的外部环境（时代和社会文化背景）之间的联系，才有可能找到光明之路。

三、东方文化中的艺术创意

全球化时代，东亚美学的发展除了在传统文化中寻找根基，在现实境遇中重建文化价值外，还需从东亚艺术文化的内在共性和差异中探求各个国家或地域、各门艺术的独特发展规律和特点，从细处探究最具“本土化”特色的文化形态以及较为稳定的美学特质。

韩国东国大学的Park Sangjin在对日本演歌（Enka）和韩国演歌（Teuroteu）的比较中发现，二者虽然在文化起源上有相同之处，但经过日、韩不同民族个性的发挥以后，两种传统艺术呈现出了不同的美学风格。韩国成均馆大学的Lee Dong Won同样对日、韩传统艺术做了比较研究。Lee Dong Won认为韩国的假面舞和日本的歌伎舞尽管在表演方式上相似，但二者在文化起源、艺术形式以及文化传承方式等方面存在诸多差异。

日本广岛大学的澳大利亚学者Ronald Stewart以日本明治后期的漫画杂志为例，比较了同时期美国、欧洲和日本在梅毒防治宣传画中的不同特点。通过比较，Ronald发现：明治后期日本宣传画充满了谴责的意识，把人物的五官刻画得丑陋恐怖；欧洲的宣传画则没有日本的这种谴责意识，但具有很大的讽刺性；美国的宣传画不直接反映这种疾病，但会以大笑式的幽默来体现对病人的尊重。此外，韩国成均馆大学的LIM Ayeong从韩、日、中的海报设计中比较了三者在传统色彩视觉表达中的共性与差异。通过研究，LIM Ayeong发现：日本在海报设计中常用红色象征太阳，用白色象征天空，用黑色象征夜色，用蓝色象征草地和绿叶；中国海报设计中的传统色彩常与方向相关，如黑色代表北方，红色代表南方，绿色代表东方，白色代表西方；韩国的传统色彩则汲取了“阴阳五行说”的观念，5种色彩分别标识天地的5个方位——红色对应着南方，青色对应着东方，黄色对应着正中间，白色对应着西方，黑色对应着北方。可见，本次会议的比较研究已从全球化的宏观视角转向艺术门类的微观考察，开启了更为具体的美学境域。

在强调“在地化”研究的今天，全球化时代东亚美学的发展也许不在于急于抓住哲学的藤蔓攀随直上，更在于如何探寻能够使东亚美学在大地上匍匐前行的坚固基石。宗白华先生曾说：“美学是研究‘美’的学问，艺术是创造‘美’的技能。”① 若没有了“艺术”的发展，美学或许只是徒有其表、

① 宗白华：《美学与艺术略谈》，载宗白华著《宗白华全集》，林同华主编，安徽教育出版社，1994，第187页。

浪得虚名。因此，推动全球化时代东方美学的现代化发展，关键在于从东方艺术文化中寻找基石。

当代美学的发展须重申艺术作为其根基的重要性，而当代文化产业的发展，尤其是城市文化产业也不能缺少艺术的创意。芬兰学者芮佳莉娜·罗玛（Rata-leena Luoma）认为，在整个社会系统中，艺术、经济和技术是文化产业发展的三要素，三者共同构成了文化产业金字塔的塔基，如图6-1所示。

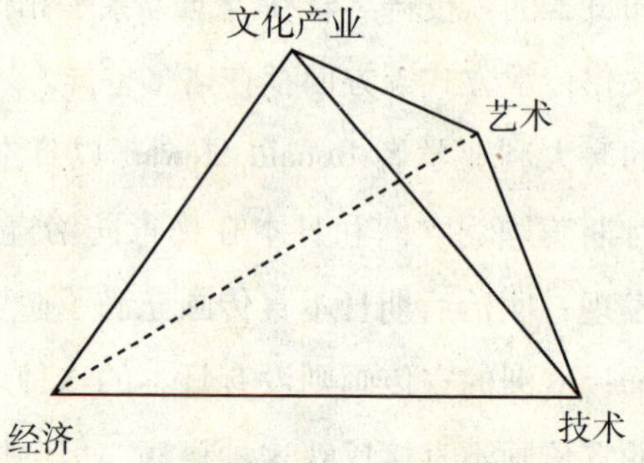

图6-1　芮佳莉娜·罗玛的文化产业金字塔模型

在文化产业的金字塔模型中，当一种产品通过技术生产出来，即使没有经济价值，但只要具有艺术创意，就具有了文化产业的属性，可以在未来产生出经济价值和人文价值。可见，在现代发展的道路上，美学与文化产业形成了异质同构、殊途同归、相辅相成的关系。

第二节　感性消费下旅游艺术衍生品的色彩设计

在感性消费张扬的现代语境下，色彩已超越了文字、线条等传统视觉元素，成为当今社会传递视觉信息的主要媒介。艺术家通过色彩诉诸情感表达，商家借助色彩进行色彩营销，消费者通过色彩获得美感体验。色彩，已成为当代公共艺术设计中最具表现力的艺术元素。旅游产业与色彩的关系也越来越密切。

一、色彩对旅游艺术衍生品消费的影响

衍生品（Derivatives）意为从原生事物中派生出来的物品，最初在化学

和金融界使用较广。但随着近年世界文化创意产业的发展，文化衍生品尤其是艺术衍生品，成为文化产品领域最具发展潜力和创意特色的新生事物。作为艺术与商业的产物，艺术衍生品融合了工艺美术品的艺术美感，同时又以日常生活的实用性为旨归，在当今文化产业的激流中正迎风起航。然而，在旅游艺术衍生品行业中，产品的形式美仍然为多数人所忽视，这与当今“眼球经济”以视觉快感为主的感性消费的趋势极不相称。

色彩是形式美的重要元素，人们对美感的认知首先源于视觉上的色彩冲击。人们对色彩产品的接受也首先基于色彩属性的心理认同。美国色彩营销学中的“7 秒定律”表明：人们在挑选商品时，只需 7 秒就可确定对这些商品是否感兴趣。在这短暂的 7 秒中，色彩的作用占到了 67%。眼球经济时代，色彩已成为视觉营销的主导因素。正如日本色彩学家小林重顺在《色彩战略——市场开发中最尖端的感性化时代的商品技术》一书中所言，色彩的广泛应用已成为新时代的重要标志，人们已进入了“色感时代”。

在琳琅满目的商品大潮中，美国市场营销学家菲利普·科特勒以“感性消费”一词来描述当代人以情感为主的消费行为，诉诸人的感官以新的情感体验意义。旅游是文化体验和感性消费的过程，“游客购买旅游商品所愿支付的最低价格不仅依据物化在其中的人类无差别劳动，而且往往在更大程度上取决于伴生于其中的旅游商品的美学价值、纪念意义及其给人的精神享受。而人们对情感享受的价格往往会付出几倍甚至十几倍的成本。因此，旅游者对精神享受所支付的高价格使追求旅游纪念品的高附加值成为可能”①。可见，如何充分发挥旅游纪念品的精神体验价值是发展旅游文化产业的关键。其中，就形式因素而言，色彩已日渐在旅游业中发挥作用，并为国内外学者和政、商界所重视。

早在 20 世纪 80 年代，国外就已着手对色彩旅游进行研究。Arwel Jones（1987）在 Tourism Management 上发表 Green Tourism 一文，明确了“绿色旅游”的生态学含义。其后，Geoff MC Boyle（1996）在 Tourism Management 上

---

① Richards. G, Production and Consumption of European Cultural Tourism. *Annals of Tourism Research*, 1996, 23（2）: 261 - 264.

继续刊文，以苏格兰为例阐述了绿色旅游的实践意义。2000 年，J. Lennon 阐释了以死亡和灾难为主要特征的黑色旅游①；2006 年，Philip R. Stone 根据地点、吸引力和展览方式，细分了黑色旅游的不同形态②，进一步丰富了色彩旅游的内涵和外延。不同于国外色彩旅游对生命意义的追寻和探索，国内的色彩旅游更强调旅游中色彩的精神教育意义及其对民族文化的映照和象征，色彩旅游往往被赋予更厚重的历史责任感和道德力量。以国内最早兴起的红色旅游为例，2004 年 12 月，中共中央办公厅、国务院办公厅颁布《2004—2010 年全国红色旅游发展规划纲要》，一大批学者以红色所承载的革命历史、事迹和精神内涵为重心，对红色旅游的产品开发、客源市场、市场营销、发展模式和区域合作等方面进行了广泛探讨。在近几年色彩旅游的开发实践中，国内逐渐形成了以红色为核心，开发绿色、辐射彩色的旅游色彩新体系。如 2006 年，延安推出了红色革命旅游、绿色生态旅游和黄土地民族风情旅游；2011 年甘肃张掖七彩山、云南陆良彩色沙林推出了彩色旅游。

然而，在目前我国初步形成的色彩化旅游产业中，旅游艺术衍生品却存在着色彩重复、色彩杂乱等“色彩污染”现象。旅游业中曾流传着一则广为人知的笑话：有人在北方的一知名景区中买了一顶帽子，之后，他戴着这顶帽子来到南方的另一景区前，他向摊主换了一顶新帽子。之后，在一路旅行中，此人如法炮制，结果又换了一顶顶的新帽子。且不批判此人做法如何，但从这则故事中就可窥见当前我国旅游艺术衍生品的色彩设计现状：色彩同质化现象严重，各旅游区之间缺乏有效的地域区隔和鲜明的色彩标识。如何以色彩设计突出旅游艺术衍生品的艺术特色，发挥艺术创意在公共艺术品中的作用，不仅是构建旅游产业色彩战略的关键，也是设计艺术社会应用价值的具体体现。

二、感性消费下旅游艺术衍生品的色彩设计策略

旅游艺术衍生品是指随着旅游业的发展而形成的具有旅游地地域文化特

---

① John Lennon，Malcom Foley. Dark Tourism：The Attraction of Death and Disaster. Wayne William Smith，*Annals of Tourism Reasearch*，2002，29（4）：1188－1189.

② Philip R . Stone. A Dark Tourism Spectrum：Towards a Typology of Death and Macabre Related Tourist Site，Attractions and Exhibitions. *Tourism*，2006，54（2）：145－160.

色的纪念性产品，通常具有时代性、便携性、审美性和工艺美术的特点。感性消费的社会背景下，人们对旅游艺术衍生品的选择不再停留于物质产品的使用价值，而更注重商品的象征意义，关注商品与旅游地的情感关联，如回忆、愉悦、文化特色等精神符号价值。感性消费基于人的知觉认知（视觉、听觉、味觉、嗅觉、触觉），其中视觉印象尤其是色彩元素最为关键。成功的色彩设计能够在第一时间吸引消费者的注意力，并带来符合消费者心理欲求的感官体验。法国视觉艺术心理学家格列高里说："颜色知觉对于我们人类具有极其重要的意义——它是视觉审美的核心，深刻地影响着我们的情绪状态。"① 可以说，旅游艺术衍生品的色彩不仅是旅游景区的一张艺术名片，蕴含着该地特有的自然景观和人文内涵，更呼应着消费者潜在的心理诉求，体现着旅游艺术衍生品的趣味性和纪念意义。在这种感性消费的取向下，旅游艺术衍生品的色彩设计应遵循以下三个基本原则。

（一）色彩设计应体现旅游地的地域文化特色

"地域文化的形成往往和当地的历史传统与文化传统密切相关，不同地域由于自然环境和社会环境的制约和影响，会形成不同的地域文化特征，必然对商品生产的取材、设计加工、款式造型、包装装潢以及商品的消费习惯产生深刻影响，形成带有浓厚地域文化色彩特点的商品。"② 旅游艺术衍生品是当地地域文化的凝聚，反映着当地的历史文脉和风土人情，其色彩设计应注重感官色彩和人文色彩的统一。感官色彩主要包括当地的自然环境色（如地质地貌的固有色彩）以及随着季节变化呈现出来的天然植被色彩（如秋天的红枫叶）。而人文色彩主要是指受历史文化传统和经济活动发展的影响而流传下来的抽象色彩。如陕西秦陵兵马俑的旅游衍生品，其色彩常用象征历史感的仿古色（如图6－2、图6－3）。旅游艺术衍生品在色彩的使用上，应选择最能代表当地地域文化特点的色彩，突出其独一无二的艺术风格与文化气质。

① ［法］格列高里：《视觉心理学》，彭聃龄译，北京师范大学出版社，1986，第106页。

② 张东升、朱红：《文化的意义》，《销售与市场》1998年第8期。

图6-2　陕西旅游衍生品：兵马俑钥匙扣

图6-3　陕西旅游衍生品：树脂铜车马起子

（二）旅游艺术衍生品的色彩设计应充分满足消费者的心理欲求

20世纪80年代，日本设计界提出“感性工学”的方法，旨在通过产品对使用者的感官因素（形、色、味、音、触等）进行研究，以更好地满足使用者对舒适性的需要，从而激发消费者的购买欲和使用欲。在旅游艺术衍生品的感官测试中，五觉的体验虽然处于感性需求的最表层，追求的是美好、趣味和新奇，但却最能反映游客的情绪状态和心理满足感。尤其是色彩，作为游客感性消费行为的视觉新奇点，会与消费者追求个体感受的心理诉求达成情感共鸣，使游客做出主动购买的行为。游客常以旅游艺术衍生品作为情感寄托，来记录旅游过程中的美好心理感受，或者通过馈赠亲朋好友以期获得同样的文化体验。因此，从色彩心理上来说，旅游艺术衍生品的色彩设计应体现快乐、趣味等个性化情感，以审美感官的愉悦带动心理需求。

（三）旅游艺术衍生品的色彩设计应注意特定民俗中的色彩禁忌

不同地域和民族具有不同的色彩传统、色彩偏好和色彩禁忌。色彩是地域文化的重要组成部分，旅游艺术衍生品要体现地域文化的特色，应尊重当地的色彩传统，规避特定民俗中的色彩禁忌。如在瑞典的色彩使用惯例中，就不宜把代表国家的蓝色、黄色用于商业中；英国人非常喜欢淡雅的色系，但十分反感绿色；意大利人十分喜爱绿色和灰色，却禁忌紫色。在中国香港地区，红色、黄色等鲜艳色彩颇受欢迎，白色、黑色和灰色却备受冷落。因此，在旅游艺术衍生品的色彩设计中，选择人们喜爱的色彩，规避特定的禁忌色彩不仅是旅游艺术衍生品进出口贸易的文化要求，也是设计创作的内在规定。

三、感性消费下旅游艺术衍生品的色彩设计方法

在具体的色彩设计方法中，所有的色彩设计策略最终都归于艺术审美的基本原则，即旅游艺术衍生品的色彩设计应符合艺术审美的基本规律。“美在和谐”是古典美的核心理念，其在色彩组合中体现为色彩的契合与统一；而在“美在差异”的现代美学观念中，色彩更注重在对比中呈现出独特的个性。因此，对旅游艺术衍生品的色彩选择和配色设计，应注意以下几点。

（一）配色设计要有主色调，颜色最好少于三个

色彩结合在创作型的设计产品中具有重要作用。恰当的配色设计有利于视觉传达，能够构建理想的“视觉美”的艺术形象，更好地突显产品的个性和特色，让人容易识别和发觉，从而激发消费者的购买欲。游客在旅游过程中，由于受时间的限制，往往要在较短时间内选择自己喜爱的纪念品。这就要求旅游艺术衍生品应具有较强的色彩识别性，能够在第一时间吸引消费者的注意力，并引起购买的欲望。因此，在色彩组合中，简单、醒目的配色设计最有可能脱颖而出，并受到游客的青睐。如颇受中外旅游者欢迎的“西湖印象”单杯（图6－4），除了外形设计上采用杭州的雷峰塔造型外，杯身通体的素雅青色更犹如西湖中的碧水，令人心旷神怡，对西湖的印象回味无穷。

图6－4　杭州旅游衍生品：“西湖印象”单杯

（二）选取能够代表当地自然地理环境的固有色，强化地域色彩标识

20世纪70年代，法国色彩学家让·菲利浦·郎科罗（J. P. LENCLOS）

把色彩研究与地理因素结合起来，开辟了色彩地理学的研究。在《世界色彩——色彩地理学》一书中，朗科罗认为，地理位置不同的区域或城市，其建筑色彩会呈现出鲜明的差异。基于不同的地理位置，其固有的地质色彩往往可成为旅游艺术衍生品天然的色彩资源。在色彩的设计中，可直接沿用该地域的原生色彩，以象征、替代式的构想，在“睹物思情”中使游客对曾经游历的旅游地保持永不磨灭的记忆和心理感受。如南京根据当地的地质特色，推出了一系列天然色彩质地的“雨花石”衍生品，如图6－5。另外，某些少数民族的服饰用色与他们本土的特色植物之间存在着形似的审美关联。旅游衍生品的色彩也常沿用当地植物的天然色彩，如图6－6。旅游艺术衍生品是旅游地的艺术名片，因此，在色彩设计上可选取当地自然环境的代表色彩进行配色设计，以色彩的差异化强调其地域个性。

图6－5　南京旅游衍生品：雨花石

图6－6　云南旅游衍生品：腰鼓包

（三）选择明度较高的色彩，以色彩的鲜艳性促进销售

视觉艺术心理学的相关研究发现，明度较高的色彩更能给人们带来兴奋、愉悦的积极情绪。人们进行旅游活动的目的往往是放松心情，在游山玩水中寻求一种积极的情绪、文化体验和精神陶冶。艺术衍生品的明度色彩恰恰可呼应旅游注重户外活动的特点，因此，选择明度较高的色彩更能增加游客在旅游过程中的积极心理体验，带来更持久的文化记忆与精神享受。

图6-7　常州旅游衍生品：红色梳篦

图6-8　北京旅游艺术衍生品：景泰蓝盘

（四）紧跟时代趋势，关注流行色

流行色是艺术性与商业性的统一。流行色一方面代表了艺术呈现的美学意义，另一方面又最具商业价值，反映了消费者潜在的色彩需求。设计师根据流行色的潮流，可捕捉到时代的营销脉搏，创作出紧跟时尚的作品，从而满足消费者的内在需求，刺激消费者的购买欲望。旅游艺术衍生品是一种基于实用和观赏双重目的的特殊艺术商品，流行色的设计对其具有独特的意义。旅游艺术衍生品可在流行色呈现的现代艺术美中塑造个性的艺术形象，进一步提高此种产品的艺术附加值。同时，由于流行色具有较强的传播性和快速流动性，游客购买了附有流行色的旅游纪念品，可加速旅游艺术衍生品的传播和普及，在无形的广告效应中产生跨行业、跨区域的品牌传播力，创造出巨大的经济效益。

四、建立科学的色彩管理系统

为保证旅游艺术衍生品色彩设计的应用效果，不仅要靠色彩营销，更要依赖于科学的色彩管理系统。在色彩管理中，首先要加强公众参与和公众认知，对消费者的色彩需求进行前期调研，根据社会诉求确定色彩方案，针对不同旅游类型选定相应的色彩样本。其次，选定的色彩可按国际通用的 CMYK 印刷色彩模式标准设定（C 表示蓝色值，M 表示红色值，Y

表示黄色值，K 表示黑色值），根据实际情况适当调节色彩的色相、明度和纯度变化。同时，在加工制作的过程中，可根据旅游艺术衍生品材料的不同肌理和质感，制定相应的色彩容许差，调整用色范围。最后，更应加强企业与相关色彩学术研究机构的合作，深化色彩的创新研究，不断以新的色彩品类来拓展色彩的管理与服务，升华色彩管理在当代旅游文化产业中的艺术软实力。

第三节　博物馆艺术衍生品的创意研发

博物馆的产生与人类早期的宗教收藏活动密不可分。4500 多年前，古埃及和美索不达米亚的先民就热衷于收藏一切与宗教活动有关的物品，包括神像、圣僧的尸骨、遗物以及宗教器皿和艺术品。古希腊人对文艺女神缪斯（Muses）的崇拜，直接孕育了博物馆（Museum）的诞生。Museum 一词，即是 Muses（缪斯）一词的变体。希腊化时期的埃及国王托勒密二世在亚历山大里亚城建立了一所研究天文、地理、医学、物理、哲学、语言和艺术的综合性大学，就命名为博物院，被视为博物馆的雏形。17 世纪英国牛津阿什莫林博物馆建立，博物馆成为正式通用的名称。2001 年，巴塞罗那国际博物馆协会以章程明确规定了博物馆的属性："博物馆是以研究、展示、欣赏为目的，并征集、保护、研究、传播和展出人类环境物证的，为社会及其发展服务的、向大众开放的、非营利的永久性（固定性）机构。"①

顺应世界博物馆业的这一发展趋势，2008 年我国开始全面推行博物馆免费开放政策，以增强博物馆的公共属性，扩大社会效益。博物馆免费开放之后，尽管国家有专项资金补助，然而，资金短缺仍是全国博物馆面临的突出问题。2010 年，中国博物馆学会向全国博物馆发出了《关于加强博物馆文化产品开发的倡议书》，呼吁以开发博物馆衍生品来辅助博物馆文物的日常维护，拓展、延伸博物馆的教育、传播等社会服务功能。因此，如何创

① 参见《国际博物馆协会章程》。

意开发博物馆艺术衍生品成为社会各界共同关注的命题。

一、博物馆艺术衍生品创意开发的国际产业环境

艺术衍生品的概念从西方“博物馆商品”（Museum Store Product）的语义环境中出现，并伴随着博物馆零售业的发展被大众所知。因此，博物馆艺术衍生品在当前学界和社会各界常有创意礼品、博物馆文化产品和博物馆定制商品之称。

博物馆的物品销售始于服务台旁设置的明信片贩售，后来逐渐演化为具有独立空间的博物馆卖店。1955 年，24 个博物馆卖店共同在纽约成立了博物馆卖店协会（The Museum Store Association，简称 MSA），旨在加强世界各博物馆之间的资讯交流，整合各博物馆卖店的产业经营，为游览者提供完整的艺术体验，并留下深远的“文化记忆”。

随着国际博物馆产业的迅速发展，博物馆衍生品带来的产业价值越来越高。就英国博物馆业来说，大英博物馆每年吸引着数以万计的观众前来参观。其艺术商店就位于大中庭图书馆的四周，弧形的构造和显眼的位置使每一位观众都可轻易浏览到该商店的衍生品。而且，博物馆卖店的衍生品品类丰富、款式新颖，仅罗赛塔石碑的衍生品就有几十种，包括衬衫、雨伞、杯子、U 盘、钥匙链、钱包等，涉及生活的各个方面。在特展期间，博物馆会随机推出相应的文化衍生品，作为主题特展的补充。如 2012 年大英博物馆展出的“从阿拉伯半岛到皇家阿斯科特赛马场”就是一个关于英国马的特展。在展览最后，博物馆设立了一个关于马的书籍、手工艺品的专题展售。此外，以油画收藏为特色的英国国家画廊也非常重视博物馆衍生品的经营。该画廊设在正门入口处、餐厅旁、出口处都设有艺术商店。三个艺术商店与游客全面接触，贯穿了游览的全过程。该画廊更细化地研发衍生品，不仅考虑到不同年龄层的消费群体，更推出了与城市特色旅游以及节日有关的艺术衍生品。如凡·高的《向日葵》衍生品就包含了凡·高玩偶、向日葵摆件、手机壳、冰箱贴、餐盘、项链、别针、丝巾、文具等，适应了不同消费者的爱好与需求。2012 年伦敦奥运会期间，该画廊还推出了有关伦敦城市和奥运主题的旅游商品区。

在法国，博物馆艺术衍生品始于20世纪80年代，最初多是艺术周边纪念品和艺术品复制缩小件。1992年，大皇宫博物馆举办的特劳斯劳德雷克（Toulouse Lautrec）回顾展开创了法国艺术衍生品创意设计的新纪元。至此，设有艺术商店的博物馆和美术馆均开始重视对艺术品的市场分析和艺术衍生品的创意研发。法国国立博物馆联盟和巴黎博物馆联盟成立了艺术衍生品创意设计联盟机构，以充分了解目标消费者的消费心理和消费行为，完成详尽的市场分析，确保馆藏、展览与艺术消费充分结合。原巴黎装饰艺术博物馆艺术商店负责人Jean-Dominique Lèze说："艺术衍生品的设计要与时俱进，我们会选取作品中的某件摆设、某个造型，改变一下比例，甚至调整原本色彩，终将古典（现代）艺术品的元素插入到符合当代大众的审美需求的设计品中。"① 法国国立博物馆联盟目前管理着40多家文化艺术机构，2008年仅艺术衍生品就有3000多万欧元的销售额，包括250万本书籍、650万张图画。在单品的销售上，法国更重创意。巴黎博物馆联盟艺术衍生品中，销量最高的是由著名独立艺术衍生品设计师Pascale Brund'Arre设计的蜜蜂酒杯。其灵感源自拿破仑帝国徽章上那只金灿灿的蜜蜂。从1997年投入市场至今，这件充满着奇思妙想的蜜蜂酒杯就售出了800多万件。在创意设计的带动下，蓬皮杜国家艺术和文化中心由2007年只有30款艺术衍生品到如今可向大众提供600多款。艺术衍生品的收入已占到了蓬皮杜艺术和文化中心总营业额的三分之一以上。

美国的博物馆艺术衍生品产业更具规范性和开拓性，可谓行业典范。2007年，纽约现代博物馆旗下的礼品店的财务收入已达1.7亿美元，MOMA元素衍生品的开发和营销产生了巨大的经济效益。而大都会艺术博物馆衍生品的年营业额已超过3亿美元。美国的博物馆衍生品的惊人利润有赖于其独特的博物馆产业运作体系。无论是公立还是私立博物馆，在维护博物馆公益性质的基础上，美国的博物馆运营大胆引入了市场化的理论和方法，建立起了符合其经济发展状况的独特管理体系和运作模式。博物馆的艺术衍生品产

① 陈源初：《艺术衍生品——法国博物馆的艺术记忆》，99艺术网，http：//news. 99ys. com/20130204/article—130204—117520_2. html，2013年2月4日。

业除了设有自身的卖店外，还联合专门的艺术衍生品公司来参与衍生品的设计研发和市场运作。如位于纽约的著名艺术衍生品公司 Artware Editions 经过多年的探索之后，把艺术衍生品当作一种研究项目来开发，并利用其丰沛的艺术家资源，与不同的艺术家合作开发了许多创意项目。同时，在项目推介和宣传方面，Artware Editions 艺术公司在纽约西村开设了美国第一个艺术衍生品展示空间，组织了各种艺术博览会，包括纽约军械库展等各种非艺术博览会，充分推广新开发的艺术衍生品。与老牌的 Artware Editions 不同，Grey Area 是纽约一家年轻的艺术品公司，主要致力于当代艺术衍生品的网上运营，在线销售限量版或市场上罕见的非限量版艺术衍生品。2012 年，Grey Area 在纽约 Soho 区开出了第一家实体空间——“介于艺术与设计之间的未定义空间”，着重探索并刻意模糊当代艺术与产品设计的边界，开发兼具实用价值和当代艺术理念的个性艺术衍生品。

总之，英国的艺术衍生品会围绕博物馆的重要馆藏资源展开，其目的性和定位都非常明确。法国更重视对艺术衍生品的创意研发，而美国则注重对艺术衍生品的创意运营与后期管理。

二、我国博物馆艺术衍生品的发展现状及建议

国外艺术衍生品市场的形成和有序发展，极大地促进了我国艺术衍生品市场的产生。1997 年 11 月，荷兰银行台湾分行推出“凡·高卡”，首次把荷兰画家凡·高的《向日葵》设计在信用卡上，并且从公司外部装饰到店内信笺都以此为主题，开创了中国艺术衍生品运营的先河。凡·高的画因而成为荷兰银行企业形象识别的重要元素，成功提升了品牌形象，实现了 3 个月内 300% 的高增长率。近几年随着国内创意产业的发展，许多艺术家授权的衍生品也已为大众耳熟能详，如周春芽的《绿狗》、岳敏君的《露齿大笑》、隋建国的《小恐龙》、刘野的《卡通娃娃》、周铁海《穿旗袍的骆驼》、沈敬东的《小军人》、向京和瞿广慈的《礼物》等都已突破原作的局限，开始融入日常生活，向限量复制、玩具公仔、生活日用品等大众领域拓展。而 2013 年夏天，台北故宫博物院推出的以康熙朱批“朕知道了”设计的纸胶带瞬间爆红网络，其娱乐性和趣味性受到业内外人士的一致好评。

图6－9　周春芽《ART TOYS》衍生品

图6－10　隋建国的《小恐龙》艺术衍生品

尽管目前我国艺术衍生品市场极为活跃，但从行业的整体情况来看，博物馆衍生品产业才刚刚起步，市场发展动力并不强劲，创意研发能力有待提高，管理模式也亟须创新。具体表现在以下几个方面：

（一）品种同质化。2012年，南京一家博物馆的负责人说："我们的博物馆商店大多还停留在经营旅游纪念品的层面，缺少创意研发能力，提供给观众的文化产品品类单调，缺乏特色。"这位博物馆负责人还说，目前只有北京故宫、上海博物馆等少数几家拥有自己的创意产品设计团队，大多数博物馆在这个领域还是一片空白，还停留在艺术附加值较低的文物复仿制品、图书音像出版物等低端层面。因此，衍生品的种类少，品种丰富度低是目前的一个突出问题。就品种来说，目前艺术衍生品基本只有高仿微喷版画和日用衍生品两大类。高仿微喷版画多为书籍、画册、明信片、信笺、书签等传统品类；日用衍生品也多是将画简单印在产品上，原作艺术形象与产品载体的艺术匹配度不高，致使多数艺术衍生品缺乏艺术格调，品质不高。如某地方博物馆，为了节省印制和开发成本，竟将本馆的同一件馆藏品图片印在了20多件日用品上，产品缺乏特色，同质化现象严重。

（二）销售渠道狭窄。目前国内艺术衍生品主要通过博物馆（美术馆）

和艺术区的实体商店销售。其中博物馆的销售模式更为保守，仅集中在博物馆艺术商店中，受地域局限，购买人群多是游客或参展的部分艺术家和观众，无法形成固定客源，批量购买的情况更少。国家文物局的调查显示，国内衍生品产值超过500万元人民币的博物馆仅有北京故宫博物院和上海博物馆两家，台北故宫博物院一年的衍生品营业额也仅在3亿新台币（约6000万元人民币）左右。而英国TATE博物馆商店年销售额为3亿~5亿元人民币，美国大都会博物馆商店年销售额更高达7亿元人民币左右。在销售方式上，国内博物馆尚没有形成成熟的电商运作平台和产品展售方式。即使馆内有展览，也仅是艺术作品的展览，而不是专门为艺术衍生品设计的展销。电商平台运作方面，美国的艺术衍生品销售网站ART. COM每年售出约150万件高清复制品，国内虽也有与ART. COM销售形式相似的网站，如hi小店、HIHEY. COM等线上商店。但由于价格较高，且多是针对小众群体，销售量并不高。如hi小店多是年轻艺术家的原作，但每件作品却在2千元到5万元，远远超出普通大众的消费水平。

（三）产业链不系统。国内艺术衍生品的产业链，除了上游的研发设计外，中间的生产环节也面临着一些问题。由于艺术衍生品是兼具艺术特色、收藏和使用价值的艺术品，因而对供应商、生产商的要求都较高。供应商提供的产品材料和质地必须适合二次创意设计的要求。同样，生产商环节也遭遇尴尬：多数艺术衍生品以“稀少”为卖点，一般不从事大批量生产，这就造成了大工厂不愿接单、小工厂接不了单的被动局面。此外，产业链缺乏产业基础的支撑，如人才、资金、消费人群等产业基础都较为薄弱。诸多因素造成艺术衍生品产业链上下游缺乏良性互动，供与求、产与销相脱节，产业业态更无从谈起。

（四）产权意识淡薄。艺术品的产权包括物权和著作权两部分。所谓物权，就是权利人依照《民法》，可对自己的艺术作品实物享有占有、使用、收益、处分的权利；所谓著作权，是指权利人依照《著作权法》，可以享有实物负载的艺术作品的发表权、署名权、复制权等人身权和财产权。尽管已有相关法律保护艺术创作者的权益，但由于多数艺术家的法律知识匮乏，这给艺术作品的侵权纠纷埋下了隐患。即使有少数艺术家运用法律武器来维护自己的合法权益，但由于取证复杂、诉讼成本高、赔偿力度有限等诸多因素，艺术家最后往往不了了之。这使一部分唯利是图的盗版分子更加有恃无恐，变本加厉，严重影响了艺术衍生品的创作和研发，从而导致艺术市场的恶性循环。如广州美术学院谢楚余教授的画作《陶》，其仿作已遍布大街小巷。画中那位抱着陶罐的裸女，被穿上了各式各样的衣服，手中的陶罐也被换成了电饭煲、口服液，甚至是西瓜。谢楚余说："有人统计，我的这幅画起码被盗版了1000万次。"

可见，我国博物馆的文化资源与艺术衍生品产业尚没有形成有效的互动模式，产业价值和管理水平都有待提高。基于以上存在的各种问题，结合我国经济、文化的具体发展状况，现提出以下对策，以供参考。

（一）利用高校人才优势，加强创意研发。国内艺术衍生品的品类单调、消费能力不足等现象，已鲜明地体现了加强创意研发的重要性。国外艺术衍生品开发主要有两种模式：一是博物馆自主设计研发，再授权厂家制造；二是由被授权商负责整个研发生产过程。但无论哪一种开发方式，成功的关键都在于创意研发。博物馆衍生品的创意研发要把艺术创作、产品设计与博物馆的定位结合起来，设计出既有艺术特色又具实用性的艺术衍生品。目前我国高校人才资源优势突出，美术、设计以及文化产业管理专业的人才储备极为丰厚，本、硕、博的人才梯度结构较为完善。因此，艺术衍生品的相关部门可与高校科研院所开展合作开发，或者可以吸纳实习生、优秀毕业生积极参与到博物馆的研发团队中去，以研发出既有艺术美感又贴近大众需求的作品。

（二）借鉴国外模式，拓宽融资及销售渠道。解决目前国内博物馆衍生品销售渠道单一的问题，可借鉴国外比较成熟的电商平台及衍生品展售模式，找准文化卖点，加大宣传力度，让不同年龄、不同职业背景的群体都能了解艺术衍生品，让艺术走近大众。各城市商业区、步行街、高校附近的创意小店都可设立艺术商店。同时，根据消费者的不同需求，也可探索按需定制的生产模式，可与大企业或者大批量需求的客户签订协议并定制开发。此外，为保证销售渠道的畅通，融资途径也应多元化，以实现融资与销售的最佳产业循环。在融资渠道上，除了国家艺术基金的支持外，也可用"文化权限”参观的方式发起个人捐助或大公司筹款。如大英博物馆的筹款会员可以在早上游客未入馆前参观博物馆，也可以参观平时不对外开放的文物科技保护部等。

（三）加强产业集聚，完善产业链。上海创意产业中心秘书长何增强坦言：“目前内地的艺术衍生品之所以显得创意不足，其实与其生态环境有关，这个市场还不太规范。”他认为应该加强产业集聚，整合当今国内艺术衍生品产业链条上的相关环节。因为“中间环节比较薄弱，艺术家通过经纪人、经纪公司来开发衍生品的少之又少。此外，获得艺术家授权的经纪人、经纪公司在开发衍生品时，对于艺术家形象的提炼、艺术家气质的彰显都不够，他们通常没有站在艺术传播的角度来考虑”①。艺术衍生品必须以大众化为目标，通过整合各个环节、完善产业链来构建产业培育平台（新业态的孵化），创造更大的价值。

（四）健全法律法规，规范艺术授权。“Rong”艺术衍生品品牌设计师李怡蓉说：“通常我每开发出一种艺术衍生品，都会去申请专利，可真正到了维权的时候，你会发现取证的过程非常艰难。又像是做饰物类的艺术衍生品，品牌有专利，而款式是没有专利的，的确存在很多大同小异的地方，被抄袭太容易了。”② 作为一种新生事物，目前针对艺术衍生品产权的相关法律法规还需要进一步健全，以规范艺术授权，保护艺术创作者和艺术研发设计者的权益。艺术授权即是一种以艺术创作为主体的授权类型。授权商将所代理的艺术家作品著作权以合同的形式授予被授权商使用，或进行商业开发，所得收益授权商会按一定比例回馈给提供著作权的艺术家，既保护了艺术创作者的产权归属，又兼顾了艺术设计者的权益。

三、优化艺术市场结构，走公益品牌化之路

2011年是中国的艺术授权元年，“艺术品授权”一词首次出现在我国艺术品市场的年度报告中，这预示着我国艺术衍生品产业的全面展开。艺术授

---

① 范昕：《艺术正在向生活衍生》，上海《文汇报》2014年1月4日。
② 同上。

权市场的火爆，一方面来自国家宏观政策的支持；另一方面源自后金融危机时代，在企业转型、文化产业成为支柱性产业后，人们的文化消费需求大幅度增长。《2012 中国艺术品年度报告》显示，当年中国艺术品市场交易总额为 1784 亿元，其中艺术衍生品交易额为 180 亿元，比 2011 年的销售额度增加了 30 亿元，比 2010 年提高了 120 亿元。依据国际标准，艺术衍生品的销售额度可以达到整个艺术品市场额度的 3 倍以上。而 2011 年，中国艺术衍生品交易产值占当年我国艺术品市场总产值的 1/14，2012 年也仅占当年艺术市场总值的 1/10。所以，我国艺术衍生品产业具有广阔的开发空间。

开发艺术衍生品，艺术市场结构的优化是不能绕过的一道门槛。根据国际艺术市场运作的规律，“第一市场”（The Primary Market）、“第二市场”（The Secondary Market）和“第三市场”（The Third Market）只有以恰当的构成比例，才可促进整个艺术市场的活跃和发展。而从近 3 年的统计数字来看，目前我国的艺术市场结构仍然以一级销售市场和二级拍卖市场为主，三级市场尤其是艺术授权（艺术衍生品）产业占的比例太小，市场结构趋于老化，无法以轻资产带动整个艺术市场的发展。因此，创意开发艺术衍生品的关键就在于优化艺术市场结构：把三级市场提到优先发展的地位，以此来带动传统一级市场和二级市场的飞跃。

在优化艺术市场结构的过程中，规范艺术授权是核心。完善的艺术授权体系，是培育艺术品牌的前提。博物馆是非营利性机构，其对衍生品的开发不同于一般商业性的艺术公司，在开发过程中更要注意文化事业与文化产业的协调，以产业性“养”公益性，以公益性“促”产业性。因此，走公益品牌化道路可作为未来博物馆艺术衍生品的一种发展模式。比如，可借助博物馆的品牌效应，直接推出与博物馆商标有关的艺术衍生品 LOGO，或者把艺术创作与知名产品品牌合作，借助知名产品的品牌效应来快速实现艺术衍生品的品牌化、名牌化。日本著名艺术衍生品创意设计师草间弥生就与 LV 公司合作，推出了印有草间弥生艺术元素的 LV 包。同时，在公益品牌化的道路上，可把博物馆衍生产品与衍生服务结合起来，配套具有艺术主题和氛围的咖啡馆、餐厅以及“艺术体验互动区”，真正让艺术融入生活。因为，艺术衍生品主张的不仅是美学的生产力，更为人们开启了一种全新的生活方式，一种崇尚自由和快乐的艺术化生活方式。

第四节　复归于生活：伦理禁忌下民俗产业的“家园”守候

在生命之轮驶向远方的途中，“日常生活”以琐碎而繁杂的意象遍布人的生命历程。当我们把日常生活看作生命的表象时，就会困惑于生活的繁复与庸常；然而在身心俱疲时，这琐碎的庸常却又以无以复归的质朴与真实抚慰着我们困顿的心灵，铸就幸福的精神家园。

散落在日常生活里的民俗事象，是人类文化河堤上的粗粝砂石，承载着祖先古老而久远的族群记忆。民俗学初创时期，英国民俗学会会长博尔尼（Char Lotte Sophia Burne）就说：“民俗包括作为民俗精神禀赋（the Mental equip）的组成部分的一切事物，而有别于它们的工艺技术，引起民俗学家注意的，不是耕犁的形式，而是耕田者推犁入土时所举行的仪式；不是渔网和渔叉的构造，而是渔夫入海时所遵守的禁忌；不是桥梁或房屋的建筑术，而是施工时的祭祀以及建筑物使用者的社会生活。”①

一、民俗生活相中的家园意识

民俗是流动的日常生活。民俗事象的确立是一个不断累积的过程，构成传承现象，有一个起码的时间要求，即要延续三代以上，否则不足以称为传承。② 传统意义上的民俗事象奉行口耳相传的古老形式，民俗传承总在真实的日常生活中默然进行。脱离了日常生活的情境和土壤，任何民俗都将成为无根的浮萍，有着沦为“伪民俗”的危险。钟敬文即把民俗归于生活，阐释道：“民俗，即民间风俗，指一个国家或民族中广大民众所创造、享用和传承的生活文化。”③ 高丙中把胡塞尔“生活世界”的哲学范畴引入民俗学，认为“生活世界是人本来的世界和基本的世界，是普通人的世界和人的普通世界；民俗事实上构成了人的基本生活和群体的基本文化，任何人、任何群

---

① ［英］查·索·博尼尔：《民俗学手册》，程德祺，等译，上海文艺出版社，1995，第1页。
② 张紫晨：《民间文艺学原理》，花山文艺出版社，1991，第103页。
③ 钟敬文：《民俗学概论》，上海文艺出版社，1998，第1页。

体在任何时代都具有充分的民俗。有生活的地方就有丰富的民俗”①。

民俗是日常生活的一部分，就是日常生活本身。人们长期积累的生活习惯和生活方式，包括吃、穿、住、用、行等都会熔铸在民俗活动中，呈现为具体的民俗事象。日常生活是民俗事象的策源地，民俗事象也在不断丰富着日常生活。民俗事象与日常生活的交融、共生形成了特定时代和地域的民俗生活相。民俗生活相是民俗在一定现实环境中所表现的生活状貌，兼有文化意识和社会生活的双重性，以风俗习性文化意识为内核，程式化“生活相”为外表，呈现为一种不成文的生活规矩和习惯性的生活方式。②

在人们所有习惯性的生活方式中，吃、穿、住、用、行等基本日常活动都围绕着“家庭”运转。民居建筑，人们以风水选址，期望家和万事兴；席宴风俗，人们以长幼定座次，体现家规家训；逢年过节，人们思乡心切，期望归家团圆。陈独秀认为，东方民族的特点之一是“以家族为本位”③。梁漱溟直言，中国人的家之特见重要，正是中国文化特强的个性之一种表现。④在中国传统民俗的乡土背景中，“家”始终是民俗个体的向心之所，是精神皈依的栖居地；在中国现代民俗的文化阐释中，研究者们也往往以自己的家乡为调查和研究对象。民俗生活相以及民俗学研究者对“家”的眷恋和守望，体现了中国民俗文化中一以贯之的还乡情结——对归属的需求和文化身份的族群认同，一直是潜藏在中国民俗文化结构深处的伦理密码。

“我是谁？我从哪里来？我往何处去？”民俗生活相对主体的哲学追问构成了“生活世界”场域中个体与群体关系的现象学研究。“20 世纪 90 年代在民俗学理论及其研究范式探讨中，尤其是在‘民’与‘俗’之争中，逐渐呈现的‘日常生活’概念及其研究旨趣已经成为民俗学研究的新取向，而‘日常生活’也成为民俗学研究中的关键词。”⑤ 民俗之“民”与民俗社会在日常生活中应该保持怎样的关系才是恰当与合适的？民俗之“俗”在当代快

① 高丙中：《民俗生活：民俗学的研究对象和学术取向》，《民俗研究》1991 年第 3 期。
② 陈勤建：《文艺民俗导论》，上海文艺出版社，1991，第 221 页。
③ 陈崧：《五四前后东西文化问题论战文选》，中国社会科学出版社，1985，第 7 页。
④ 梁漱溟：《中国文化要义》，上海人民出版社，2011，第 35 页。
⑤ 张翠霞：《民俗学“生活世界”研究策略》，《民俗研究》2011 年第 3 期。

速变化的日常生活形式中该何去何从？群体法则在民俗中的伦理疆域到底有多宽？诸多反思，都是民俗学研究范式向日常生活转换的关键。

胡塞尔晚年批判技术理性和实证主义哲学对人的生存状态形而上学式的关注方式，提出应回到前科学世界以前的“生活世界”。在胡塞尔看来，“生活世界”是“可经验的”“前科学、直观的”，是“直觉地被给予的”，追求逼真的生活就是个人的人格理性地真正实现和完善，但胡塞尔强调：“个人的人格理性必然只能作为共同体的人格的理性而达到越来越完满的实现，反过来，共同体的人格理性也必然只能作为个人的人格理性而达到越来越完满的实现。”① 即个人人格的形成和完善与共同体人格的形成和完善是同步的。哈贝马斯认为，“成员根据共同的文化传统所构思的生活世界是与社会共存的”，它“使一切社会过程都进入合作解释过程的光圈”，“使社会上所发生的一切都具有人们可以谈论的透明性”。② 在现象学视野中，个体与群体在“生活世界”中相互依存、共同促进的过程就是人格完善的过程。由此，回到生活本身即是回归自然人性的过程。

然而，如何回到生活本身？如何以回到生活来回归自然人性？回归的道路与方式在某种程度上决定着回归的目的。民俗生活相包含了日常生活中的民俗形式（Folkways），是“生活世界”的经验式呈现。日常生活是孕育民俗形式的土壤，同时也是塑造民俗主体的宏观生命背景。“习俗移志，安久移质。”（《荀子·儒效》）一方水土养一方人。不同的民俗生活场域往往塑造着不同气质与禀赋的民俗主体。我国东北地区深山采参、雪原狩猎、跑马拓荒等传统的生活方式，造就了东北汉子率真、豪爽、粗犷、热情的基本性格；而江南水乡的旖旎风光和吴侬软语的语言环境，形成了江南女子温婉、秀丽的可人形象。

特定区域的民俗主体具有相似的气质与禀赋，又构成了当地的风土人情和乡音乡俗。“入乡随俗”表明了“乡”与“俗”的统一性，即民俗与乡土的水乳交融。从这种意义上来说，“思乡”并不意味着仅仅怀念故乡的老屋

---

① ［德］胡塞尔：《欧洲科学的危机与超越论的现象学》，王炳文译，商务印书馆，2001，第321页。

② ［德］哈贝马斯：《交往行动理论》（第2卷），洪佩郁译，重庆出版社，1994，第201页。

或那口井，而是同时指向故乡中的民风民俗——想念年节之时人们串门走亲戚、唠家常的那份朴实与感动。正如鲁迅在《社戏》中娓娓道来的淡淡乡情："我们鲁镇的习惯，本来是凡有出嫁的女儿，倘自己还未当家，夏间便大抵回到母家去消夏。……那地方叫平桥村，是一个离海边不远，极偏僻的，临河的小村庄；住户不满三十家，都种田，打鱼，只有一家很小的杂货店。但在我是乐土：因为我在这里不但得到优待，又可以免念'秩秩斯干幽幽南山'了。"

可以说，民俗是"感性的生存"，中国民俗总蕴含着无尽的乡愁和隽永的怀念。农业社会的故土依恋以及宗法传统的家族观念形成了中国民俗文化特有的家园意识。置于日常生活场域和家族人伦中的群体（而非个体），构成了中国民俗活动的主体。在社会惯例和日常生活中，族群伦理的传统信仰和精神法则经过民俗仪式的代代相传，已内化为民俗个体对这种民俗传统的自觉遵循与恪守。民俗仪式植根于日常生活，是日常生活的显性体现，因此，遵循民俗文化传统中的族群伦理已预示着回归自然人性的可能。因为民俗生活相不仅在整体意义上展示着日常生活的各项索引，同时也是不同民俗个体自由展现自我个性的生命场域。

二、生活的底线：民俗产业开发的伦理禁忌

节日的狂欢、日常生活的琐碎并不意味着欲望的放纵和生活准则的无度。父辈的言传身教、邻里的榜样示范早已把生活经验、行为规范、风俗习惯和价值理念等传统元素融进了日常生活，化为生活伦理的一部分。日本著名思想史家沟口雄三最初提出"生活伦理"的概念，意在解释中国儒教的层次、对象和范畴，用来指与教化伦理、职业伦理相对应的民间生活伦理。①家园意识是贯穿在民俗生活伦理中的主导理念，人们在生活中普遍认可的生活习俗和民俗禁忌都围绕世世代代的家园建设而展开。家园意识下的民俗禁忌是人们生活的底线，也是当今民俗文化产业开发所应规避的伦理禁忌。

源于太平洋波利尼西亚群岛土语的"禁忌"（Taboo）一词，从最初专指

① ［日］沟口雄三：《中国儒教的十个方面》，《孔子研究》1991 年第 2 期。

文化人类学的用语，现已演化为民俗学、考古学和伦理学的通用术语。弗洛伊德在《图腾与禁忌》中把禁忌视为人类最古老的无形法律。《汉书·艺文志·阴阳家》中把禁忌用于鬼神祭祀，言："及拘者为之，则牵于禁忌，泥于小数，舍人事而任鬼神。"可见，禁忌是精神或心灵层面的约束，"在常态下，禁忌是一种无外在行为表现的心意民俗形态"①，它规定了民俗生活群体所应遵循的行为规范和特定仪式，一旦触犯，将会受到无形力量的惩罚或诅咒，具有高度的警示性，成为民俗主体不可逾越的一道心理防线。

生活常态中的民俗禁忌呈现为多种类别：（1）性别禁忌。如景颇族忌讳妇女坐时托着下巴，称其为哀悼的姿势，不吉利；德宏傣族禁忌妇女参加男子的集会跳舞，妇女不能打击乐器。惠西成、石子编《中国民俗大观》一书收录了民间对女性的各种禁忌：姑娘不用黑碗吃饭，怕嫁给黑丈夫；妇女的头巾不要接补，怕重婚等。（2）婚丧禁忌。在台湾的婚宴上，新郎新娘忌吃葱，因为"葱"与"冲"同音，是不吉利的字眼；宴会时，尤其忌讳有人上门讨债，当地人认为这将在新婚夫妇今后的生活中投下凶厄的阴影。丧葬之俗，更有许多忌讳。比如，河南开封一带忌入殓时与死者生肖相克者在场，以恐受到凶厄的冲犯。（3）节庆禁忌。过节意味着吉祥，为了趋吉避害，在传统节日里人们亦有许多习俗禁忌。汉族忌正月初一扫地，恐财气外流；河北一些地方在农历二月二"龙抬头日"时，忌动针、刀剪等，认为这些器具易伤龙目，招来灾祸。（4）色彩禁忌。色彩的象征意义是不同民俗和地域中人们文化心理的反应。民间的一些色彩往往代表着特殊的文化内涵和心理功能。如中国民间对白色的禁忌，认为白色象征着死亡、悲凉、奸诈等负面含义。同时对绿色也较为轻视：元、明、清只有妓、优伶等"贱业"中的人才以绿色为服色，民间男子更忌讳戴绿色的帽子或头巾。对黄色、紫色等属于古代帝王或道教专属的颜色，民间更是很少涉及。

民俗禁忌构筑了民俗群体特定的精神时空和心理场域，在"场"的每一位黎民百姓都不敢越雷池一步。而作为"局外人"，民俗文化产业开发者更应尊重当地民俗主体的文化权利和心理空间，区分哪些民俗文化遗产是可以

① 万建中：《图文中国民俗禁忌》，中国旅游出版社，2004，第8页。

开发的，哪些只能保存进民俗博物馆。例如，一些明显不符合当代人们审美、娱乐和生活观念的，甚至具有“陈规陋习”的守旧民俗就不适合进行产业化开发，而只能保存进民俗博物馆，或者由当地居民在日常生活中自由处理。在可开发的民俗文化资源中，也要区分哪些可以进行旅游化开发，哪些可以进行影视动漫开发，哪些只能进行民俗产品开发。同时，民俗文化的产业化开发要以民俗传统中的“真实性”为原则。

以民俗旅游开发为例，“古老的礼仪、民俗等被作为了旅游吸引物，被装帧起来，被搬进景区，被植入到旅游产品的环节中。效果究竟如何？我们不能否定一切。但是确有相当大的一部分此类行径使希望被展示的文化遭到了亵渎。旅游可能会破坏文化的真实性，而这种真实性又是旅游者所寻求的东西”①。因此，尊重民俗事实，尽可能地展现民俗的原生态样貌，还原民俗的真实，是民俗文化产业开发所应遵循的原则之一。当然，在产业开发中，所谓“尽可能地展现民俗的原生态样貌”，并不是指不加选择地全部展现民俗样貌。对于一些不适宜展现的特定习俗，如丧葬的表演习俗以及婚宴中的洞房习俗等都不适于公开展现，应保留民俗参与者的个人空间。也就是说，即使回避了民俗仪式的部分细节，导致民俗仪式的不慎完整，也不能“改造”民俗形式，来刻意弥补这种“残缺”。因为这种“失真”的文化展示，具有“伪民俗”之嫌，在导致民俗“异化”的同时，不利于民族文化的交流与传承，更不利于维护民俗文化生态。

诚然，民俗的“物化”并不意味着族群精神的失落，民俗文化的产业化也并不代表着民俗传统的丧失。我们要警惕的是，在当今文化产业的热潮中那些急于以经济利益为先、片面搞“民俗经济化”的文化功利主义。重提民俗产业中的伦理规训，正是为了维护民俗，继承传统。在尊重民俗禁忌和民俗真实性的前提下，以民俗文化的产业式开发促进传统文化精神以新的质态融入当代生活，做好人类非物质文化遗产的现代传承与保护。因为，民俗是活化的生活，流动的才会是传承的，也才会是恒久的。民俗文化的产业化开发要处理好“变”与“不变”的逻辑：不变的是民俗精神，是民俗主体的

---

① 张文：《中国旅游目的地发展研究报告·2004》，旅游教育出版社，2005，第28页。

家园意识和伦理法则；可变的是民俗文化的不同表现形式，是不同时代和地域的民俗受众。在传统民俗与现代产业的对接和转换中，急于以经济的标杆来衡量产业的绩效或者片面以艺术创意形式的花样翻新来考量文化的价值都是激进和鲁莽的。或许我们首先要思考的是，在尊重民俗主体精神权利的前提下，如何以平和的文化心态逐步、有序地完成民俗与产业的中间过渡。

三、生活与归家：在“宽容”中走向文化生态

尊重民俗真实和民俗禁忌，意味着精神家园的返璞归真。“作为本然意义的乡土，是一种物质实存，是故乡的蓝天碧水、疏星朗月、厚实的泥土和旷野的风雪……作为应然意义的乡土，则主要指向一种诗性的形而上的存在。从哲学价值论的角度看，应然意义的乡土，是人类最初始情感与最深刻理性集合成的一种文化形态，是审视、衡量、规范物化现实的价值尺度或人文理念，是人类赖以诗意地栖息的精神家园。”① 物化的民俗若能以故园的风、土、人、情为旨归，那么，民俗产业无论走多远，都能以一颗游子的赤诚之心重返人类的精神家园，以从容的心态静观花开花落、云卷云舒，不会在物欲横流的商品大潮中迷失自我，泯灭民俗文化淳朴、最初的文化根性。

面对工业化社会对人类生存境域的冲击，当钢筋混凝土和高楼大厦将我们网罗其中，在世界慌乱的城市化进程中，我们自由选择生活的权利被碾压得粉碎，日益疯狂的理性和利益驱赶着我们奔向未知的远方。在赫勒（Agnes Heller）看来，这样的生活是异化的，因为“日常生活常常是拜物的，它把事物和惯例作为给定的，按其既成的形式加以接受，而不追究它们的起源”②。在现代生活的快节奏中，当人们的生活被物欲充斥时，生活本身也就失去了主导意义，变成了“被生活”。面对生活的异化，在医治生活的都市病征上，赫勒寄希望于个体价值的凸显。在《日常生活》的开篇处，她提道：“如果个体要再生产出社会，他们就必须再生产出作为个体的自身。我们可以把‘日常生活’界定为那些同时使社会再生产成为可能的个体再生产

① 张兰英：《家园意识与武夷文化研究》，《南平师专学报》2007 年第 1 期。

② ［匈］赫勒：《日常生活》，衣俊卿译，重庆出版社，1990，第 56 页。

要素的集合。”① 如此，在群体中让个体的力量脱颖而出，成为救赎日常生活异化的一条出路。

换言之，在民俗产业化的道路上，如何让民俗文化资源既能产业化，又能保持本原的文化特色，是当代民俗学发展不能回避的现代难题。因为产业化即意味着批量化、重复性，是基于现代商业思潮的统一性工业行动；而固守原始文化的特色，又意味着对文化个性的召唤。二者似乎呈现出相互对立的现象。然而，日常生活宽广的边界以其无限的包容性化解了这对矛盾统一体。孕育于日常生活之中的民俗，以生活的原初底色和粗粝质地哺育了多种具有不同民族、地域特色的民俗文化类型，这些无数个“个别”为民俗文化的产业化储藏了丰富的文化资源。同时，民俗文化产业在获得产业价值的同时，更为民俗文化的接受者以文化享受的方式提供着更好的生活服务。起源于生活，而又复归于生活，是民俗文化产业的应有之路。问题在于，民俗文化应如何融入现代生活？

在生活的基本样态中，如果说民俗事象存在于日常生活领域，民俗禁忌专属于私人生活领域，那么民俗文化产业构建的则是广阔的公共生活。在民俗文化产业的公共生活中，德性共同体与个体力量共在共生，文化的多样性格局得以呈现。在以现代生活为背景的当代民俗中，解决产业化带来的共同性和民俗特色文化的个性之间的二元矛盾，已然成为现代生活境遇中的哲学命题。

在生活哲学视域中，“宽容”成为对待这一多元共生文化格局的基本态度。迈克尔·沃尔泽在其《论宽容》一书中，从文化、信仰和生活方式的差异性上来界定生活世界，将“宽容”描述为一种对待“差异性”态度的“连续谱”，以此来解决日常生活中诸多现象的对立、相向与共生，从而达到基于平等观念的多元文化的和解。② 马克思主义生活哲学坚持“人就是人的最高本质”的人道主义原则，要求我们“必须推翻那些使人成为被侮辱、被奴役、被遗弃和被蔑视的东西的一切关系”③，使“宽容”成为对人的自由、

① ［匈］赫勒：《日常生活》，衣俊卿译，重庆出版社，1990，第3页。

② ［美］迈克尔·沃尔泽：《论宽容》，袁建华译，上海人民出版社，2000，第10页。

③ 中共中央马克思恩格斯列宁斯大林著作编译局：《马克思恩格斯选集：第1卷》，人民出版社，1995，第10页。

尊严和价值的维护，导向主体在生活中存在的最高历史状态，从而内蕴“宽容”在生活中超越世俗的自觉状态。由此，“宽容”不仅成为现代生活哲学的一种态度，更成为解决民俗文化产业内在矛盾性的一种尝试，预示着主体在生活中由自发、自觉到自然状态的过渡——文化生态成为公共生活的必然。

J. H. 斯图尔德在1955年提出的“文化生态”（Culture Ecology）一词，意在“解释那些具有不同地方特色的独特的文化形貌和模式的起源”①，分析人类文化适应环境的过程。在《文化变迁的理论》一书中，史徒华解释了其文化生态学的具体用意：分析开发技术或生产技术与环境之间的相互关系，分析一项特殊技术开发特定地区所涉及的行为模式，并探究该行为模式影响文化的其他层面到何种程度。② 民俗文化产业正是一项基于开发和生产技术的文化经济形式，在开发的过程中涉及产业技术开发与民俗文化环境的关系，涉及民俗文化的不同样貌如何在现代产业开发中、在保持民俗文化之根的前提下融入现代生活。正如赫勒在日常生活中力求以人之个性的微观视角来追溯日常生活的起源，斯图尔德以“文化生态”的宏伟篇章呼唤不同文化样式的多元共存，以此追寻每种文化的独特内涵和生存意义。借此反观民俗文化产业，在文化生态中保持多元共生的文化格局，彰显多种民俗文化样态的张力，才能尊重各种文化样态的存在权力和文化个性，在群体共生的格局中催促个体的真正出场；也才能以民俗个体在日常生活中的自由创意化解工具理性的刻板与功利，从而在当前被误读的民俗产业化过程中找到归家之路，重返精神家园。正如美国生态学家艾伦·杜宁（Alan Durning）所说：只有在文化生态中，我们才能“接受和过着充裕的生活而不是过度地消费……回归于对技艺、创造力和创造的尊崇；回归于一种悠闲的足以让我们观看日出日落和在水边漫步的日常节奏；回归于值得在其中度过一生的社会；还有，回归于孕育了几代人记忆的场所。”③

---

① ［美］唐纳德·L. 哈迪斯蒂：《生态人类学》，郭凡、邹和译，文物出版社，2002，第8－9页。

② ［美］史徒华：《文化变迁的理论》，张恭启译，远流出版事业股份有限公司，1989，第49页。

③ ［美］艾伦·杜宁：《多少算够》，毕聿译，吉林人民出版社，1997，第113页。

结语　散步于都市空间的审美化生存

消费主义的兴起不仅仅是一个现代性的事件，而且是一种后现代生存的指向。大众消费文化在都市空间中的蔓延，已铺陈出一种新的文化语境和都市生存背景。在喧嚣的城市境域中，消费主义与审美生活的转向正创造着新的内在关联。审美向大众生活的贴近，改写了日常生活的呈现样态，都市生活在审美化之中获得了一种自足的体验。早在中世纪时期，意大利政治哲学家G. 波特若就声明："何谓城市，以及城市的伟大被认为是什么？城市被认为是人民的集合，他们团结起来在丰裕和繁荣中悠闲地共度更好的生活。"① 美国城市社会学家路易斯·沃斯（Louis Wirth）也把城市视为一种生活方式的体现，他认为："城市化不再仅仅意味着是人们被吸引到一个叫城市的地方、被纳入城市生活体系之中的过程。城市化也指与城市发展有关的生活方式的鲜明特征不断增强的过程。"② 城市文化的形成不仅仅是促进城市的发展，更是为了让生活在城市空间中的每个人都能体会到生命的美好。

消费主义对都市日常生活的无孔不入，加速了城市文化的消费。审美和消费在都市生活中的相遇摧毁了文化的地标，打破了艺术的疆域，也引爆了文化产业的契机。在美学与生活、文化与消费的相互纠葛中，编织出一张都市人群的欲望之网——这种欲望既有对高贵灵魂的追溯，又有对世俗愿望的渴求。欲望，假借日常生活中的审美需求构成了都市场域中的消费动力，忘乎所以，绵延而不竭。

尽管身体、视像、娱乐、休闲等浮于表面的感官欲望在消费语境中日渐

---

① ［意］G. 波特若：《论城市伟大至尊之因由》，刘晨光译，华东师范大学出版社，2006，第3页。

② 孙逊、杨剑龙：《阅读城市：作为一种生活方式的都市生活》，上海三联书店出版社，2007，第5页。

凸显，审美的功利主义和实用性借助享乐主义的冲动开始昼夜狂欢，然而，在当代日常生活的审美化中，审美消费依然有其“反审美”的社会学意义。20世纪30年代，美国都市文化哲学家刘易斯·芒福德（Lewis Mumford）继承了埃比尼泽·霍华德（Ebenezer Howard）和帕特里克·格迪斯（Patrick Geddes）的文化都市主义（Culturalist urbanism）精神，对区域主义（regionalism）进行了辩护。“芒福德的要求是，一个民主的都市文化必须意识到其区域所在地。针对于某种不成熟的区域主义令人不可容忍的狭隘性的威胁，芒福德要求知识分子承担起推介全球性的区域主义的使命。”① 在物化的文化困境中，审美消费是达到人类审美化生存的一个不可逾越的阶段。尽管在这个阶段会伴随着高贵对低贱、神圣对世俗、真实对虚伪的暂时妥协，但忽略了对审美消费的正视，就是对当代审美文化都市症候的刻意回避，也就意味着当代人无法走向彻底的审美化生存。基于此，对城市文化消费的批判与反思不应只囿于理论的藩篱，更应打开实践的窗口，借由文创产品的消费镜像，反观当代人的生存现状，揭示审美消费的浮华之下暗藏的深层文化心理结构，从而达到“诗意的栖居”。具体到本书的研究命题，以审美消费带动文化产业的发展，存在的一个关键疑问是：这种倡导是否会带来审美的“污染”？或者说这是否是对审美泛化的一种纵容？在审美泛化的都市场域中，我们该如何让飘忽的主体重返大地，达到“诗意的栖居”？

美国当代审美文化研究学者弗吉尼亚·波斯特莱尔（Virginia Postrel）认为，21世纪是美学经济的时代，美学已经与个人、经济和社会生活建立了深刻而复杂的关系，人们对美的迫切需求已经预示着当代美学将逐渐走向民主化；在多元美学风格共存的新美学经济时代，我们需要以更宽广的视野重新审视美学价值的本质。波斯特莱尔承认，当代审美边界的无限扩大“并不意味着美学外溢（aesthetic spillovers）不会造成任何伤害。如果美感的价值是主观的，那么，它们也可能产生主观上的危害。”“但是，对抗美学

① ［德］海因茨·佩茨沃德：《符号、文化、城市：文化批评哲学五题》，邓文华译，四川人民出版社，2008，第105页。

‘污染’并不像减少空气或水污染那样直接，因为美学‘污染’的危害完全是主观性的。”① 尽管波斯特莱尔将审美效果完全视为主观范畴有绝对主义之嫌，但其对当代审美文化都市症候的诊断与治疗具有一定的启示意义。

基于“审美的日常生活化”可能带来的弊病，诸如审美的均质化、审美的扁平化、审美的艳俗化等倾向，波斯特莱尔认为：“要综合考虑美学外溢的成本和收益，我们必须考虑所有者获得的利益，通常情况下，这种利益是比较高的，而且还要考虑具有相同品位的旁观者各自获得的利益。最终，减少审美冲突的唯一方式就是确定设计的边界。”② 即“审美的日常生活化”所带来的美学外溢尽管有其负面性，但对其效果的评价要从审美利益获得者和审美效应旁观者的双重视角，以审美经济学（即计算美学成本与美学收益的差额）的方式来综合衡量。并且，为了尽可能地解决审美冲突，在宽旷的日常生活中界定审美化的边界是十分必要的。如此，在不同的边界中，日常生活遂被划分为各具风格、多元共存的美学棋盘，形成都市空间中的不同美学区隔和审美品位，让不同审美偏好的主体自由选择审美趣味，从而实现当代都市境域中诸多个体之间的审美化共存。正如韦尔施所言：“当前的审美化，甚至可以说在个体中间达到了它的至境。”③

问题的关键在于，如何在美学区隔之后的都市空间中觅得一片“宁静与延宕之领地”（韦尔施语）来实现个体之间的审美化共存？我们应该以怎样的方式、态度与途径去解决日常生活中审美与生存的现实悖论？法国社会学家米歇尔·德塞尔托（Michel De Certeau，1925－1986）以日常生活的“遁逃术”为我们提供了都市空间中审美化共存的实践路径。德塞尔托把日常生活审美化的理论延伸到普通人的生存境遇当中，重视在大众生活实践中来解决都市审美化的相关弊病。德塞尔托认为，“一个社会是由一定的实践来构成的”④，在

---

① ［美］弗吉尼亚．波斯特莱尔：《美学的经济2——美国社会变迁的32个微型观察》，马林梅译，中信出版社，2013，第177页。

② 同上书，第183页。

③ ［德］沃尔夫冈·韦尔施：《重构美学》，陆扬、张岩冰译，上海译文出版社，2002，第11页。

④ Michel de Certeau, *Heterologies*: *Discourses on the Other* (Mississippi River: University of Minnesota Press, 1986), pp. 188.

日常生活的实践中存在着各种支配性的绝对权力，“政治、经济、科学的理性就建立在这个模式的基础上”，由此形成了支撑社会发展（而需要相对压制个体自由）的种种规训机制，这种机制是“受到他者权力迷惑而不可见的约定俗成的一种自身位置”①。然而出于求生的本能，在重重压制的社会规训下，作为个体的人会孕育出一种内在的“抵制”（resistance）战术，这种战术可以“成功地将自己置于周围的既定规训之上”，“既不离开势力范围，又能得以避让规训机制”② 的现代生存策略。德塞尔托把这种抵制社会规训的生存战略形容为“是一种‘被压制者’在‘压制者’建立的秩序内部面前所表现的一种机智的把戏，是高于对手的一种作战艺术，是猎人的诀窍，是变动的，令人愉悦的，充满诗意的探索与研究”③。

如何在日常生活的实践中“抵制”重重社会规训的约束？德塞尔托为此提供了两种日常生活的“遁逃”术：一是散步于都市空间的审美体验；二是日常消费中蕴含的另类生产（another production，called consumption）。

在第一种生存术中，德塞尔托认为，社会规训最鲜明地体现在城市境域中，城市是各种“权力”（包括政治、经济、科学等）的名利场，由“可见的城市”和“隐喻的城市”两部分构成，体现着人与建筑、人与商业、人与文化以及人与个体发展的复杂关系。在喧哗而拥挤的城市境域中，生活于其中的当代人总是在不停地寻找属于自己的生存空间以及蕴含在现实生存中的生命自由，然而社会规训的无形约束使得个体的城市生存变得不易。为此，德塞尔托提出“散步于城市”（Walking in the city）的都市审美化生存策略。德塞尔托认为，日常生活的“故事始于地面，始于芸芸众生的脚步”，脚步能赋予城市空间中的都市人群以新的生存论意义。人在嘈杂而绚丽的城市空间中“行走、散步或‘橱窗观望’”，“将搅乱和打碎稳定的城市秩序，创造出观察、窥看城市的机会。散步开辟了新的空间，创造出传奇和故事……更重要的是，散步让稳定的城市秩序生发出自己的空间和意义。……

① Graham Ward, *The Certeau Reader*（London：Blackwell Publishers，2000），pp. 105.

② 同上。

③ Michel de Certeau, *The Practice of Everyday Life*（Berkeley CA：University of California Press，1984），pp. 40.

步行在城市中，人与周遭世界相互作用，他/她就在世界中，或者准确地说他/她占有了城市空间，并转化为自己的空间，在城市空间里散步模糊了空间的界限，创造了属于自己的传奇和故事，这种对空间的转化改写了覆盖在稳定空间之上的秩序符号。"① 即通过行走、散步，人主动利用了脚步对城市空间进行了新的诠释，将可听、可感、可触的"可见的城市"拓展为具有诗意化与审美特征的"隐喻的城市"。德塞尔托还认为，"散步行动能勾起它所忽略的整体和联结部分，可以选择性的穿越空间和分裂时空"②，将沿途中的城市景观任意组合，唤起心灵深处或悲或喜的感觉，同时勾起了记忆的层叠或杂化，形成了对自我空间的建构，在"隐喻的城中"中得到一种新的审美体验。这种审美体验是人与城市空间互动后的日常审美景观，是人与城市之间的动态平衡。"散步"的审美体验揭示了人的身体、心灵与城市之间的深层关系，预示着在都市生存境遇中人的灵魂重返肉身的可能。"散步"中的审美愉悦是一种感性诗学，使人在城市空间中成为自身命运的主人，成为具有创造性、主动性的自由个体，体现了一种后现代的审美生存智慧。

基于日常生活中的第一种生存智慧，德塞尔托在商业经济中拓展出另一种审美的生存术，即在看似被动的商业消费中以审美需求重新唤起个体主动"生产"、创造的兴趣，在消费蕴含的另类生产中证实人的主体性地位。德塞尔托说："任何地方都暗示着消费的无所不在，因为消费是通过使用方式，而并非用产品来显示自己的。"③ 因此，德塞尔托在分析城市境域中的文化消费方式时，认为除了要研究产品本身之外，"同样要研究的还有消费者对城市空间、从超级市场买来的商品、报纸传播的故事和传奇等等商品的使用(use)"④。在德塞尔托看来，消费者对商品的使用并不是一种单纯的"耗尽"，而更意味着"生产"的可能。德塞尔托以房东和房客租用房屋的实例来说明，在租用房屋的过程中，房客行使的是"使用但不必拥有的权力"，

① Michel de Certeau, *The Practice of Everyday Life* (Berkeley. CA: University of California Press, 1984), pp. 97.

② 同上书，pp. 101.

③ 同上书，pp. 12.

④ 同上。

之所以说这也是一种权力，是因为房客在使用房屋的过程中，完全可以根据自己的意愿和审美需求来布置、装饰房屋，决定房屋内的整体风格，于是这便打上了自我的烙印，在某种程度上证明了商品使用过程中的个体自由。德塞尔托认为，这种消费中的另类生产（another production，called consumpution）“并不是自己固定的产品，它也不是用自己的产品来证明自己的‘生产’。相反，这个证明来自消费者如何使用支配性的经济秩序来提供给他的那些产品”①。因此，在德塞尔托看来，正是这种“支配性的经济秩序”所带来的消费产生了新的生产价值：消费者可以根据自己的爱好和心情对产品进行改装、再创造。由此，原先作为消费资料的商品在审美消费的过程中进而转化为消费者进行再生产的“产品”，从而最大限度地体现了个体在商业逻辑中的自由。

从波斯特莱尔和德塞尔托的理论来看，以城市文化消费来建构审美产业，不是一种审美“污染”，而是在衡量综合效益（经济效益和社会效应）过程中对审美资源的有效利用。审美“污染”的症结在于对审美资源的不当使用，而审美产业的构建正是以美学经济的规律来规范、引导、使用审美资源的过剩现象。同样，审美产业的构建也不是对审美泛化的纵容，而是将当代美学从精英主义立场到大众文化立场转变过程中所遇到的现实问题加以分析、归类、评判，从而确定哪些审美现象值得传承，哪些审美想象应该摒弃。城市文化场域中的审美扬弃并不单纯维护通俗艺术的合法性，抑或生活即审美的断言，亦倡导传统精英主义美学的文化精髓能够在时代和市场语境的流转中创造经典。因为大众美学的受众尽管广博，但也有其先天的缺陷，比如常常搭载流行文化和时尚艺术的快车，在时代和都市人群中快速穿梭，尽管一段时间会灿若繁星，但终究会化为夜空中的一道流星而转瞬即逝。正如韦尔施所说：“非现实化、对感知的重构和传统经验形式的重新确认，对任何想要名副其实的当代美学来讲，都是重要的课题。如果美学拱手将这些

① Michel de Certeau, *The Practice of Everyday Life* (Berkeley. CA: University of California Press, 1984), pp. 31.

课题交由社会学家、心理学家或报纸专栏去讨论的话，将是对自身的犯罪。”① 因此，城市文化消费下，唯有精英主义美学与大众文化的共融，才可在传承美学经典的同时，又可不断灌注新的文化活力。以城市文化消费开启的审美产业境域正是基于美学经典又立足大众文化，体现了当代美学对多元文化的包容力；同时，审美产业打破了审美与实践的分离，开拓了新美学经济时代审美文化的实践向度，为当今我国文化产业的转型升级提供了一种现实出路和新的实践方式。

① ［德］沃尔夫冈·韦尔施：《重构美学》，陆扬、张岩冰译，上海译文出版社，2002，第120－121页。

主要参考文献

一、中文文献

（一）译著：

1. ［美］欧文·拉兹洛编辑：《多种文化的星球——联合国教科文组织国际专家小组的报告》，戴侃，辛未译，社会科学文献出版社，2001.

2. ［法］艾德加·莫兰：《社会学思考》，阎肃伟译，上海人民出版社，2001.

3. ［德］海因茨·佩茨沃德：《符号、文化、城市：文化批评哲学五题》，邓文华译，四川人民出版社，2008.

4. ［英］迈克·费瑟斯通：《消费文化与后现代主义》，刘精明译，译林出版社，2000.

5. ［德］沃尔夫冈·韦尔施：《重构美学》，陆扬，张岩冰译，上海译文出版社，2006.

6. ［法］让·鲍德里亚：《消费社会》，刘成富、全志钢译，南京大学出版社，2008.

7. ［美］弗吉尼亚·波斯特莱尔：《美学的经济2——美国社会变迁的32个微型观察》，马林梅译，中信出版社，2013.

8. ［美］弗罗里达：《创意经济》，方海萍、魏清江译，中国人民大学出版社，2006.

9. ［美］杜威：《经验与自然》，傅统先译，江苏教育出版，2005.

10. ［美］弗雷德里克·詹姆逊：《晚期资本主义的文化逻辑》，张旭东编，陈清侨译，三联书店、牛津大学出版社，1997.

11. ［美］施密特，西蒙森著：《视觉与感受——营销美学》，曾嵘译，上海交通大学出版社，2001.

12. ［法］奥利维耶·阿苏利：《审美资本主义》，黄琰译，华东师范大学出版社，2013.

13. ［美］道格拉斯·凯尔纳，斯蒂文·贝斯特：《后现代理论——批判性的质疑》（第2版），张志斌译，中央编译出版社，2006.

14. ［美］丹尼尔·A. 雷恩：《管理思想的演变》，孙令济译，中国社会科学出版社，2000年；

15. ［英］爱德华·泰勒：《原始文化》，蔡江浓编译，浙江人民出版社，1988.

16. ［英］洛克著：《政府论》，刘晓根译，北京出版社，2007 .

17. ［德］本雅明：《机械复制时代的艺术作品》，王才勇译，中国城市出版社，2001.

18. ［英］约翰·费斯克：《理解大众文化》，王晓珏等译，中央编译出版社，2001.

19. ［美］刘易斯·芒福德：《城市发展史——起源、演变和前景》，宋俊岭、倪文彦译，中国建筑工业出版社，2005.

20. ［德］阿多诺：《美学理论》，王柯平译，四川人民出版社，1998.

21. ［美］苏珊·朗格：《情感与形式》. 刘大基，等译，中国社会科学出版社，1986.

22. ［以］齐安·亚菲塔：《艺术对非艺术》，王祖哲译，商务印书馆，2006.

23. ［美］理查德·沃林：《福柯的审美决定论》，文化艺术出版社，2001.

24. ［德］G. 希夫曼：《消费者行为学》（第10版），江林，等译，中国人民大学出版社，2012.

25. ［法］雅克·拉康：《拉康选集》，褚孝泉译，上海三联书店，2001.

26. ［美］苏珊·朗格：《艺术问题》，滕守尧译，南京出版社，2006.

27. ［挪威］拉斯·史文德森：《时尚的哲学》，李漫译，北京大学出版社，2010.

28. ［德］西美尔：《金钱、性别、现代生活风格》，顾仁明译，学林出版社，2000.

29. ［法］让·波德里亚：《象征交换与死亡》，车槿山译，凤凰出版传媒集团，2006.

30. ［法］R·L. 格列高里：《视觉心理学》，彭聃龄译，北京师范大学出版社，1986.

31. ［英］查·索·博尼尔：《民俗学手册》，程德祺，等译，上海文艺出版社，1995.

32. ［德］胡塞尔：《欧洲科学的危机与超越论的现象学》，王炳文译，商务印书馆，2001.

33. ［德］哈贝马斯：《交往行动理论》（第2卷），洪佩郁译，重庆出版社，1994.

34. ［匈］赫勒：《日常生活》，衣俊卿译，重庆出版社，1990.

35. ［美］迈克尔·沃尔泽：《论宽容》，袁建华译，上海人民出版社，2000.

36. ［美］唐纳德·L. 哈迪斯蒂：《生态人类学》，郭凡、邹和译，文物出版社，2002.

37. ［美］史徒华：《文化变迁的理论》，张恭启译，远流出版事业股份有限公司，1984.

38. ［美］艾伦·杜宁：《多少算够》，毕聿译，吉林人民出版社，1997.

39. ［意］波特若：《论城市伟大至尊之因由》，刘晨光译，华东师范大学出版社，2006.

（二）中文著作：

1. 魏鹏举：《文化创意产业导论》，中国人民大学出版社，2010.

2. 韩骏伟、胡晓明：《文化产业概论》，中山大学出版社，2009.

3. 陈琼：《文化 IP：在无形资产中创造文化价值》，中国电影出版社，2017.

4. 吕庆华：《文化资源的产业开发》，经济日报出版社，2006.

5. 薛晓源、曹荣湘：《全球化与文化资本》，社会科学文献出版社，2005.

6. 黄永林：《从资源到产业的文化创意》，华中师范大学出版社，2012.

7. 曲金良：《海洋文化概论》，青岛海洋大学出版社，1999.

8. 张鸿雁：《城市文化资本论》（第二版），东南大学出版社，2010.

9. 陆学艺：《社会学》，知识出版社，1991.

10. 单霁翔：《从“功能城市”走向“文化城市”》，天津大学出版社，2007.

11. 李姝：《波普建筑》，天津大学出版社，2004.

12. 刘书亮：《电影艺术与技术》，北京广播学院出版社，2000.

13. 牛继舜：《世界城市　文化力量》，经济日报出版社，2012.

14. 詹伟雄：《美学的经济——台湾社会变迁的60个微型观察》，中信出版社，2012.

15. 冯梅：《中国文化创意产业发展问题研究》，经济科学出版社，2009.

16. 孙安民：《文化产业理论与实践》，北京出版社，2005.

17. 喆儒：《产业升级——开放条件下中国的政策选择》，中国经济出版社，2006.

18. 王斌：《中国城市文化消费报告》（北京卷），社会科学文献出版社，2010.

19. 陈曼冬、陈小申：《中国城市文化消费报告》（上海卷），社会科学文献出版社，2011.

20. 刘书峰、戴潇雅：《中国城市文化消费报告》（广州卷），社会科学文献出版社，2011.

21. 尹世杰：《消费需要论》，湖南出版社，1993.

22. 张紫晨：《民间文艺学原理》，花山文艺出版社，1991.

23. 钟敬文：《民俗学概论》，上海文艺出版社，1998.

24. 陈勤建:《文艺民俗导论》,上海文艺出版社,1991.

25. 陈崧:《五四前后东西文化问题论战文选》,中国社会科学出版社,1985.

26. 梁漱溟:《中国文化要义》,上海人民出版社,2011.

27. 万建中:《图文中国民俗禁忌》,中国旅游出版社,2004.

28. 张文:《中国旅游目的地发展研究报告·2004》,旅游教育出版社,2005.

29. 孙逊、杨剑龙:《阅读城市:作为一种生活方式的都市生活》,上海三联书店出版社,2007.

30. 鲍金:《消费生存论》,中央编译出版社,2012.

二、外文文献(英语、德语)

1. Caves R. Creative industries: Contracts Between Art and Commerce. Cambridge, Mass: Harvard University Press, 2000.

2. Holbrook MB, Hirschman EC. The Experiential Aspects of Consumption: Consumer Fantasies, Feelings, and Fun. Journal of Consumer Research, 1982.

3. Mike Featherstone, Consumer Culture and Postmodernism, Sage Publications, 1991.

4. Eduardo, de la Fuente. Sociology and Aesthetics. European Journal of Social Theory, 5 (2000).

5. Juliet B. Schor and Douglas B Holt, The Consumer Society Reade, The New Press, 2000.

6. Gernot Böhme, Atmosphäre: Essays zur neuen Ästhetik. Frankfurt am Main, 1995.

7. Huntington, Samul P., The clash of civilization? Foreign Affairs, Summer, 1996.

8. Moore, Adam D. Intellectual Property & Information Control: Philosophic Foundations and Contemporary Issues, Transaction Publisher (2001) New Bruns-

wick (U. S. A) and London (U. K.).

9. Steward E. Sterk, "Rhetoric and Reality in Copyright Law", Michigan Law Review. 94 (1996).

10. Edward J. Damich, "Right of Personality: A Common-Law Basis for the Protection of the Moral Rights of Authors", Georgia Law Review, 23 (1988).

11. Adam D. Moore, "Are Patents and Copyrights Morally Justified?", Information Ethics. 2005.

12. Justin Hughes, "The Philosophy of Intellectual Property", Georgetown Law Journal, 77 (1988).

13. Neil Weinstock Netanel, "Copyright and a Democratic Civil Society", The Yale Law Journal, 106 (1996).

14. William Fisher, "Terminator 2: Library Education", Library Acquisitions, 22 (1998).

15. John Fiske. Understanding Popular Culture, RRoutledge Press, 1989.

16. Mcdonald, B., Mass Culture, Rossburg Popular Culture, Freedom Press, 1957.

17. Doo Syen Kang. Measurement of Art and Cultural Consumption Behaviors for Developing Strategic Communications. Ann Arbor: UMI Dissertation Publishing, 2009.

18. Walter Benjamin, Theoretical Questions, Stanford University Press, 1996.

19. Jacques Lacan, "The Agency of the Letter in the Unconscious or Reason Since Freud", in Écrits: A Selection, trans. Alan Sheridan, Tavistock, 1977.

20. Stuart Plattner, High Art Down Home—An Economic Ethnography of a Local Art Marke, The University of Chicago Press, 1996.

21. Kendall L. Walton, Marvelous Images on Values and the Arts, Oxford University Press, 2008.

22. Geory Simmel, The Conflict in Modern Culture and Other Essays, Teachers College Press, 1968.

23. Xavier Greffe, Arts and Artists from an Economic Perspective, Unesco Publishing, 2002.

24. Alison Lurie, The Language of Clothes, Bloomsbury Publishing Plc. Penguin Group, 1992.

25. Houston, Jame, The Heart's Desire, A Guide Personal Fulfillment, A Lion Book , Batavia Sydney, 1992.

26. Richards. G, Production and Consumption of European Cultural Tourism. Annals of Tourism Research, 1996, 23 (2).

27. John Lennon, Malcom Foley. Dark Tourism: The Attraction of Death and Disaster. Wayne William Smith, Annals of Tourism Reasearch, 2002, 29 (4).

28. Philip R . Stone. A Dark Tourism Spectrum: Towards a Typology of Death and Macabre Related Tourist Site, Attractions and Exhibitions. Tourism, 2006, 54 (2).

29. Michel de Certeau, Heterologies: Discourses on the Other , University of Minnesota Press, 1986.

30. Graham Ward, The Certeau Reader , Blackwell Publishers, 2000.

31. Michel de Certeau, The Practice of Everyday Life, University of California Press, 1984.

附录一　国家统计局：文化及相关产业分类（2018）

表1　文化及相关产业分类表

代码			类别名称	说　明	行业分类代　码
大类	中类	小类			
			文化核心领域	本领域包括01～06大类。	
01			新闻信息服务		
	011		新闻服务		
		0110	新闻业	包括新闻采访、编辑、发布和其他新闻服务。	8610
	012		报纸信息服务		
		0120	报纸出版	包括党报出版、综合新闻类报纸出版和其他报纸出版服务。	8622
	013		广播电视信息服务		
		0131	广播	指广播节目的现场制作、播放及其他相关活动，还包括互联网广播。	8710
		0132	电视	指有线和无线电视节目的现场制作、播放及其他相关活动，还包括互联网电视。	8720
		0133	广播电视集成播控	指IP电视、手机电视、互联网电视等专网及定向传播视听节目服务的集成播控，还包括普通广播电视节目集成播控。	8740

续表

代码			类别名称	说明	行业分类代码
大类	中类	小类			
	014		互联网信息服务		
		0141	互联网搜索服务	指互联网中的特殊站点，专门用来帮助人们查找存储在其他站点上的信息。	6421
		0142	互联网其他信息服务	包括网上新闻、网上软件下载、网上音乐、网上视频、网上图片、网上动漫、网上文学、网上电子邮件、网上新媒体、网上信息发布、网站导航和其他互联网信息服务。	6429
02			内容创作生产		
	021		出版服务		
		0211	图书出版	包括书籍出版、课本类书籍出版和其他图书出版服务。	8621
		0212	期刊出版	包括综合类杂志出版，经济、哲学、社会科学类杂志出版，自然科学、技术类杂志出版，文化、教育类杂志出版，少儿读物类杂志出版和其他杂志出版服务。	8623
		0213	音像制品出版	包括录音制品出版和录像制品出版服务。	8624
		0214	电子出版物出版	包括马列毛泽东思想、哲学等分类别电子出版物，综合类电子出版物和其他电子出版物出版服务。	8625
		0215	数字出版	指利用数字技术进行内容编辑加工，并通过网络传播数字内容产品的出版服务。	8626

续表

代码			类别名称	说明	行业分类代码
大类	中类	小类			
02	021	0216	其他出版业	指其他出版服务。	8629
	022		广播影视节目制作		
		0221	影视节目制作	指电影、电视和录像（含以磁带、光盘为载体）节目的制作活动，该节目可以作为电视、电影播出、放映，也可以作为出版、销售的原版录像带（或光盘），还可以在其他场合宣传播放，还包括影视节目的后期制作，但不包括电视台制作节目的活动。	8730
		0222	录音制作	指从事录音节目、音乐作品的制作活动，其节目或作品可以在广播电台播放，也可以制作成出版、销售的原版录音带（磁带或光盘），还可以在其他宣传场合播放，但不包括广播电台制作节目的活动。	8770
	023		创作表演服务		
		0231	文艺创作与表演	指文学、美术创造和表演艺术（如戏曲、歌舞、话剧、音乐、杂技、马戏、木偶等表演艺术）等活动。	8810
		0232	群众文体活动	指对各种主要由城乡群众参与的文艺类演出、比赛、展览等公益性文化活动的管理活动。	8870
		0233	其他文化艺术业	包括网络（手机）文化服务，史料、史志编辑服务，艺（美）术品、收藏品鉴定和评估服务，街头报刊橱窗管理服务和其他未列明文化艺术服务。	8890

续表

代码			类别名称	说　明	行业分类代　码
大类	中类	小类			
02	024		数字内容服务		
		0241	动漫、游戏数字内容服务	指将动漫和游戏中的图片、文字、视频、音频等信息内容运用数字化技术进行加工、处理、制作并整合应用的服务，使其通过互联网传播，在计算机、手机、电视等终端播放，在存储介质上保存。	6572
		0242	互联网游戏服务	指以互联网为传输媒介，以游戏运营商服务器和用户计算机为处理终端，以游戏客户端软件为信息交互窗口，旨在实现娱乐、休闲、交流和取得虚拟成就的具有可持续性的个体性多人在线游戏。包括互联网电子竞技服务。	6422
		0243	多媒体、游戏动漫和数字出版软件开发	仅指通用应用软件中的多媒体软件、游戏动漫软件、数字出版软件开发。该小类包含在应用软件开发行业小类中。	6513*
		0244	增值电信文化服务	仅指固定网增值电信、移动网增值电信、其他增值电信中的文化服务。该小类包含在其他电信服务行业小类中。	6319*
		0245	其他文化数字内容服务	仅指文化宣传领域数字内容服务。该小类包含在其他数字内容服务行业小类中。	
	025		内容保存服务		
		0251	图书馆	包括公共图书馆、高等院校图书馆、专业图书馆和其他图书馆管理服务。	

续表

代码			类别名称	说明	行业分类代码
大类	中类	小类			
02	025	0252	档案馆	包括综合档案馆、专门档案馆、部门档案馆、企业档案馆、事业单位档案馆和其他档案馆管理服务。	
		0253	文物及非物质文化遗产保护	指对具有历史、文化、艺术、科学价值，并经有关部门鉴定，列入文物保护范围的不可移动文物的保护和管理活动；对我国口头传统和表现形式，传统表演艺术，社会实践、意识、节庆活动，有关的自然界和宇宙的知识和实践，传统手工艺等非物质文化遗产的保护和管理活动。	8840
		0254	博物馆	指收藏、研究、展示文物和标本的博物馆的活动，以及展示人类文化、艺术、科技、文明的美术馆、艺术馆、展览馆、科技馆、天文馆等管理活动。	8850
		0255	烈士陵园、纪念馆	包括烈士陵园和烈士纪念馆管理服务。	8860
	026		工艺美术品制造		
		0261	雕塑工艺品制造	指以玉石、宝石、象牙、角、骨、贝壳等硬质材料，木、竹、椰壳、树根、软木等天然植物，以及石膏、泥、面、塑料等为原料，经雕刻、琢、磨、捏或塑等艺术加工而制成的各种供欣赏和实用的工艺品的制作活动。	2431

续表

代码			类别名称	说明	行业分类代码
大类	中类	小类			
02	026	0262	金属工艺品制造	指以金、银、铜、铁、锡等各种金属为原料，经过制胎、浇铸、锻打、錾刻、搓丝、焊接、纺织、镶嵌、点兰、烧制、打磨、电镀等各种工艺加工制成的造型美观、花纹图案精致的工艺美术品的制作活动。	2432
		0263	漆器工艺品制造	指将半生漆、腰果漆加工调配成各种鲜艳的漆料，以木、纸、塑料、铜、布等作胎，采用推光、雕填、彩画、镶嵌、刻灰等传统工艺和现代漆器工艺进行的工艺制品的制作活动。	2433
		0264	花画工艺品制造天然植物纤维编织	指以绢、丝、绒、纸、涤纶、塑料、羽毛、通草以及鲜花草等为原料，经造型设计、模压、剪贴、干燥等工艺精制而成的花、果、叶等人造花类工艺品，以画面出现、可以挂或摆的具有欣赏性、装饰性的画类工艺品的制作活动。	2434
		0265	工艺品制造	指以竹、藤、棕、草、柳、葵、麻等天然植物纤维为材料，经编织或镶嵌而成具有造型艺术或图案花纹，以欣赏为主的工艺陈列品以及工艺实用品的制作活动。	2435
		0266	抽纱刺绣工艺品制造	指以棉、麻、丝、毛及人造纤维纺织品等为主要原料，经设计、刺绣、抽、拉、钩等工艺加工各种生活装饰用品，以及以纺织品为主要原料，经特殊手工工艺或民间工艺方法加工成各种具有较强装饰效果的生活用纺织品的制作活动。	2436

续表

代码			类别名称	说明	行业分类代码
大类	中类	小类			
02	026	0267	地毯、挂毯制造	指以羊毛、丝、棉、麻及人造纤维等为原料，经手工编织、机织、栽绒等方式加工而成的各种具有装饰性的地面覆盖物或可用于悬挂、垫坐等用途的生活装饰用品的制作活动。	2437
		0268	珠宝首饰及有关物品制造	指以金、银、铂等贵金属及其合金以及钻石、宝石、玉石、翡翠、珍珠等为原料，经金属加工和连结组合、镶嵌等工艺加工制作各种图案的装饰品的制作活动。	2438
		0269	其他工艺美术及礼仪用品制造	指其他工艺美术品的制造活动。	2439
	027		艺术陶瓷制造		
		0271	陈设艺术陶瓷制造	指以黏土、瓷土、瓷石、长石、石英等为原料，经制胎、施釉、装饰、烧制等工艺制成，主要供欣赏、装饰的陶瓷工艺美术品制造。	3075
		0272	园艺陶瓷制造	指专门为园林、公园、室外景观的摆设或具有一定功能的大型陶瓷制造。	3076
03			创意设计服务		
	031		广告服务		
		0311	互联网广告服务	指提供互联网广告设计、制作、发布及其他互联网广告服务。包括网络电视、网络手机等各种互联网终端的广告的服务。	7251

续表

代码			类别名称	说明	行业分类代码
大类	中类	小类			
03	031	0312	其他广告服务	指除互联网广告以外的广告服务。	7259
	032		设计服务		
		0321	建筑设计服务	仅包括房屋建筑工程，体育、休闲娱乐工程，室内装饰和风景园林工程专项设计服务。该小类包含在工程设计活动行业小类中。	7484*
		0322	工业设计服务	指独立于生产企业的工业产品和生产工艺设计，不包括工业产品生产环境设计、产品传播设计、产品设计管理等活动。	7491
		0323	专业设计服务	包括时装、包装装潢、多媒体、动漫及衍生产品、饰物装饰、美术图案、展台、模型和其他专业设计服务。	7492
04			文化传播渠道		
	041		出版物发行		
		0411	图书批发	包括书籍、课本和其他图书的批发和进出口。	5143
		0412	报刊批发	包括报纸、杂志的批发和进出口。	5144
		0413	音像制品、电子和数字出版物批发	包括音像制品及电子出版物的批发和进出口。	5145
		0414	图书、报刊零售	包括图书零售服务，报纸、杂志专门零售服务，图书、报刊固定摊点零售服务。	5243
		0415	音像制品、电子和数字出版物零售	包括音像制品专门零售店、电子出版物专门零售、音像制品及电子出版物固定摊点零售服务。	5244

续表

代码			类别名称	说明	行业分类代码
大类	中类	小类			
04	041	0416	图书出租	指各种图书出租服务，不包括图书馆的租书业务。	7124
		0417	音像制品出租	指各种音像制品出租服务，不包括以销售音像制品为主的出租音像活动。	7125
	042		广播电视节目传输		
		0421	有线广播电视传输服务	指有线广播电视网和信号的传输服务。	6321
		0422	无线广播电视传输服务	指无线广播电视信号的传输服务。	6322
		0423	广播电视卫星传输服务	包括卫星广播电视信号的传输、覆盖与接收服务，卫星广播电视传输、覆盖、接收系统的设计、安装、调试、测试、监测等服务。	6331
	043		广播影视发行放映		
		0431	电影和广播电视节目发行	包括电影发行和进出口交易、非电视台制作的电视节目发行和进出口服务。	8750
		0432	电影放映	指专业电影院以及设在娱乐场所独立（或相对独立）的电影放映等活动。	8760
	044		艺术表演		
		0440	艺术表演场馆	指有观众席、舞台、灯光设备，专供文艺团体演出的场所管理活动。	8820

续表

代码			类别名称	说明	行业分类代码
大类	中类	小类			
04	045		互联网文化娱乐平台		
		0450	互联网文化娱乐平台	仅包括互联网演出购票平台、娱乐应用服务平台、音视频服务平台、读书平台、艺术品鉴定拍卖平台和文化艺术平台。该小类包含在互联网生活服务平台行业小类中。	6432*
	046		艺术品拍卖及代理		
		0461	艺术品、收藏品拍卖	指艺术品、收藏品拍卖活动。包括艺（美）术品拍卖服务、文物拍卖服务、古董和字画拍卖服务。	5183
		0462	艺术品代理	指艺术品代理活动。包括字画代理、古玩收藏品代理、画廊艺术经纪代理和其他艺术品代理。	5184
	047		工艺美术品销售		
		0471	首饰、工艺品及收藏品批发	指首饰、工艺品及收藏品的批发活动。	5146
		0472	珠宝首饰零售	指珠宝首饰的零售活动。	5245
		0473	工艺美术品及收藏品零售	指专门经营具有收藏价值和艺术价值的工艺品、艺术品、古玩、字画、邮品等的店铺零售活动。	5246
05			文化投资运营		
	051		投资与资产管理		
		0510	文化投资与资产管理	仅指政府主管部门转变职能后，成立的国有文化资产管理机构和文化行业管理机构的活动；文化投资活动，不包括资本市场的投资。该小类包含在投资与资产管理行业小类中。	7212*

续表

代码			类别名称	说明	行业分类代码
大类	中类	小类			
05	052		运营管理		
		0521	文化企业总部管理	仅指文化企业总部的活动，其对外经营业务由下属的独立核算单位或单独核算单位承担，还包括派出机构的活动（如办事处等）。该小类包含在企业总部管理行业小类中。	7211*
		0522	文化产业园区管理	仅指非政府部门的文化产业园区管理服务。该小类包含在园区管理服务行业小类中。	7221*
06			文化娱乐休闲服务		
	061		娱乐服务		
		0611	歌舞厅娱乐活动	指各种歌舞厅娱乐活动。	9011
		0612	电子游艺厅娱乐活动	指各种电子游艺厅娱乐服务。	9012
		0613	网吧活动	指通过计算机等装置向公众提供互联网上网服务的网吧、电脑休闲室等营业性场所的服务。	9013
		0614	其他室内娱乐活动	包括儿童室内游戏娱乐服务、室内手工制作娱乐服务和其他室内娱乐服务。	9019
		0615	游乐园	指配有大型娱乐设施的室外娱乐活动及以娱乐为主的活动。	9020
		0616	其他娱乐业	指公园、海滩和旅游景点内小型设施的娱乐活动及其他娱乐活动。	9090

续表

代码			类别名称	说明	行业分类代码
大类	中类	小类			
06	062		景区游览服务		
		0621	城市公园管理	指主要为人们提供休闲、观赏、游览以及开展科普活动的城市各类公园管理活动。	7850
		0622	名胜风景区管理	指对具有一定规模的自然景观、人文景观的管理和保护活动，以及对环境优美、具有观赏、文化和科学价值风景名胜区的保护与管理活动。	7861
		0623	森林公园管理	指国家自然保护区、名胜景区以外的，以大面积人工林或天然林为主体而建设的公园管理活动。	7862
		0624	其他游览景区管理	指其他未列明的游览景区的管理活动。	7869
		0625	自然遗迹保护管理	包括地质遗迹保护管理、古生物遗迹保护管理等。	7712
		0626	动物园、水族馆管理服务	指以保护、繁殖、科学研究、科普、供游客观赏为目的，饲养野生动物场所的管理服务。	7715
		0627	植物园管理服务	指以调查、采集、鉴定、引种、驯化、保存、推广、科普为目的，并供游客游憩、观赏的园地管理服务。	7716
	063		休闲观光游览服务		
		0631	休闲观光活动	指以农林牧渔业、制造业等生产和服务领域为对象的休闲观光旅游活动。	9030

续表

代码			类别名称	说明	行业分类代码
大类	中类	小类			
06	063	0632	观光游览航空服务	指直升机、热气球等游览飞行服务。	5622
			文化相关领域	本领域包括07~09大类。	
			文化辅助生产和中介服务		
			文化辅助用品制造		
07	071	0711	文化用机制纸及纸板制造	仅指未涂布印刷书写用纸、涂布类印刷用纸、感应纸及纸板制造。该小类包含在机制纸及纸板制造行业小类中。	2221*
		0712	手工纸制造	指采用手工操作成型，制成纸的生产活动。包括手工纸（宣纸、国画纸、其他手工纸）及手工纸板。	2222
		0713	油墨及类似产品制造	指由颜料、联接料（植物油、矿物油、树脂、溶剂）和填充料经过混合、研磨调制而成，用于印刷的有色胶浆状物质，以及用于计算机打印、复印机用墨等的生产活动。	2642
		0714	工艺美术颜料制造	指油画、水粉画、广告等艺术用颜料的制造。	2644
		0715	文化用信息化学品制造	指电影、照相、医用、幻灯及投影用感光材料、冲洗套药，磁、光记录材料，光纤维通讯用辅助材料，及其专用化学制剂的制造。	2664

续表

代码			类别名称	说　明	行业分类代　码
大类	中类	小类			
07	072		印刷复制服务		
		0721	书、报刊印刷	指书、报刊的印刷活动。	2311
		0722	本册印制	指由各种纸及纸板制作的，用于书写和其他用途的本册生产活动。	2312
		0723	包装装潢及其他印刷	指根据一定的商品属性、形态，采用一定的包装材料，经过对商品包装的造型结构艺术和图案文字的设计与安排来装饰美化商品的印刷，以及其他印刷活动。	2319
		0724	装订及印刷相关服务	指专门企业从事的装订、压印媒介制造等与印刷有关的服务。	2320
		0725	记录媒介复制	指将母带、母盘上的信息进行批量翻录的生产活动。	2330
		0726	摄影扩印服务	包括摄影服务、照片扩印及处理服务。	8060
	073		版权服务		
		0730	版权和文化软件服务	仅指版权服务、文化软件服务。该小类包含在知识产权服务行业小类中。	7520*
	074		会议展览服务		
		0740	会议、展览及相关服务	指以会议为主，也可附带展览及其他相关的活动形式，包括项目策划组织、场馆租赁保障、相关服务。	7281－7284 7289
	075		文化经纪代理服务		
		0751	文化活动服务	指策划、组织、实施各类文化、晚会、娱乐、演出、庆典、节日等活动的服务。	9051

续表

代码			类别名称	说明	行业分类代码
大类	中类	小类			
07	075	0752	文化娱乐经纪人	指各种文化娱乐经纪人活动。包括演员挑选、推荐服务，艺术家、作家经纪人服务，演员经纪人服务，模特经纪人服务，其他演员、艺术家经纪人服务。	9053
		0753	其他文化艺术经纪代理	指其他文化艺术经纪代理活动。	9059
		0754	婚庆典礼服务	仅指婚庆礼仪服务。该小类包含在婚姻服务行业小类中。	8070*
		0755	文化贸易代理服务	仅指文化贸易代理服务。该小类包含在贸易代理行业小类中。	5181*
		0756	票务代理服务	指除旅客交通票务代理外的各种票务代理服务。	7298
	076		文化设备（用品）出租服务		
		0761	休闲娱乐用品设备出租	指各种休闲娱乐用品设备出租活动。	7121
		0762	文化用品设备出租	指各种文化用品设备出租活动。	7123
	077		文化科研培训服务		
		0771	社会人文科学研究	指各种社会人文科学研究活动。	7350
		0772	学术理论社会（文化）团体	仅指学术理论社会团体、文化团体的服务。该小类包含在专业性团体行业小类中。	9521*
		0773	文化艺术培训	指国家学校教育制度以外，由正规学校或社会各界办的文化艺术培训活动，不包括少年儿童的课外艺术辅导班。	8393

续表

代码			类别名称	说明	行业分类代码
大类	中类	小类			
07	07	0774	文化艺术辅导	仅包括美术、舞蹈、音乐、书法和武术等辅导服务。该小类包含在其他未列明教育行业小类中。	8399*
08			文化装备生产		
	081		印刷设备制造		
		0811	印刷专用设备制造	指使用印刷或其他方式将图文信息转移到承印物上的专用生产设备的制造。	3542
		0812	复印和胶印设备制造	指各种用途的复印设备和集复印、打印、扫描、传真为一体的多功能一体机的制造；以及主要用于办公室的胶印设备、文字处理设备及零件的制造。	3474
	082		广播电视电影设备制造及销售		
		0821	广播电视节目制作及发射设备制造	指广播电视节目制作、发射设备及器材的制造。	3931
		0822	广播电视接收设备制造	指专业广播电视接收设备的制造，但不包括家用广播电视接收设备的制造。	3932
		0823	广播电视专用配件制造	指专业用录像重放及其他配套的广播电视设备的制造，但不包括家用广播电视装置的制造。	3933
		0824	专业音响设备制造	指广播电视、影剧院、录音棚、会议、各种场地等专业用录音、音响设备及其他配套设备的制造。	3934
		0825	应用电视设备及其他广播电视设备制造	指应用电视设备、其他广播电视设备和器材的制造。	3939

续表

代码			类别名称	说明	行业分类代码
大类	中类	小类			
	082	0826	广播影视设备批发	指广播影视设备的批发和进出口活动。	5178
		0827	电影机械制造	指各种类型或用途的电影摄影机、电影录音摄影机、影像放映机及电影辅助器材和配件的制造。	3471
08	083		摄录设备制造及销售		
		0831	影视录放设备制造	指非专业用录像机、摄像机、激光视盘机等影视设备整机及零部件的制造，包括教学用影视设备的制造，但不包括广播电视等专业影视设备的制造。	3953
		0832	娱乐用智能无人飞行器制造	指按照国家有关安全规定标准，经允许生产并主要用于娱乐的智能无人飞行器的制造。该小类包含在智能无人飞行器制造行业小类中。	3963*
		0833	幻灯及投影设备制造	指通过媒体将在电子成像器件上的文字图像、胶片上的文字图像、纸张上的文字图像及实物投射到银幕上的各种设备、器材及零配件的制造。	3472
		0834	照相机及器材制造	指各种类型或用途的照相机的制造。包括用以制备印刷板，用于水下或空中照相的照相机制造，以及照相机用闪光装置、摄影暗室装置和零件的制造。	3473

续表

代码			类别名称	说明	行业分类代码
大类	中类	小类			
08	083	0835	照相器材零售	指照相器材专门零售。	5248
	084		演艺设备制造及销售		
		0841	舞台及场地用灯制造	指演出舞台、演出场地、运动场地、大型活动场地用灯制造。	3873
		0842	舞台照明设备批发	仅指各类舞台照明设备的批发。该小类包含在电气设备批发行业小类中。	5175*
	085		游乐游艺设备制造		
		0851	露天游乐场所游乐设备制造	指主要安装在公园、游乐园、水上乐园、儿童乐园等露天游乐场所的电动及非电动游乐设备和游艺器材的制造。	2461
		0852	游艺用品及室内游艺器材制造	指主要供室内、桌上等游艺及娱乐场所使用的游乐设备、游艺器材和游艺娱乐用品，以及主要安装在室内游乐场所的电子游乐设备的制造。	2462
		0853	其他娱乐用品制造	指其他未列明的娱乐用品制造。	2469
	086		乐器制造及销售		
		0861	中乐器制造	指各种中乐器的制造活动。	2421
		0862	西乐器制造	指各种西乐器的制造活动。	2422
		0863	电子乐器制造	指各种电子乐器的制造活动。	2423
		0864	其他乐器及零件制造	指其他未列明的乐器、乐器零件及配套产品的制造。	2429
		0865	乐器批发	指各种乐器的批发活动。	5147
		0866	乐器零售	指各种乐器的零售活动。	5247

续表

代码			类别名称	说明	行业分类代码
大类	中类	小类			
09			文化消费终端生产		
	091		文具制造及销售		
		0911	文具制造	指办公、学习等使用的各种文具的制造。	2411
		0912	文具用品批发	指文具用品的批发活动。	5141
		0913	文具用品零售	指文具用品的零售活动。	5241
	092		笔墨制造		
		0921	笔的制造	指用于学习、办公或绘画等用途的各种笔制品的制造。	2412
		0922	墨水、墨汁制造	指各种墨水、墨汁及墨汁类似品的制造活动。	2414
	093		玩具制造		
		0930	玩具制造	指以儿童为主要使用者，用于玩耍、智力开发等娱乐器具的制造。	2451 – 2456 2459
	094		节庆用品制造		
		0940	焰火、鞭炮产品制造	指节日、庆典用焰火及民用烟花、鞭炮等产品的制造。	2672
	095		信息服务终端制造及销售		
		0951	电视机制造	指非专业用电视机制造。包括彩色、黑白电视机以及其他视频设备（移动电视机和其他未列明视频设备）的制造。	3951
		0952	音响设备制造	指非专业用音箱、耳机、组合音响、功放、无线电收音机、收录音机等音响设备的制造。	3952

续表

代码			类别名称	说明	行业分类代码
大类	中类	小类			
09	095	0953	可穿戴智能文化设备制造	指由用户穿戴和控制，并且自然、持续地运行和交互的个人移动计算文化设备产品的制造。该小类包含在可穿戴智能设备制造行业小类中。	3961*
		0954	其他智能文化消费设备制造	指虚拟现实设备制造活动。该小类包含在其他智能消费设备制造行业小类中。	3969*
		0955	家用视听设备批发	指家用视听设备批发活动。	5137
		0956	家用视听设备零售	指专门经营电视、音响设备、摄录像设备等的店铺零售活动。	5271
		0957	其他文化用品批发	包括玩具批发服务以及玩具、游艺及娱乐用品、照相器材和其他文化娱乐用品批发和进出口。	5149
		0958	其他文化用品零售	指专门经营游艺用品及其他未列明文化用品的店铺零售活动。	5249

注：行业分类代码后标有“*”的表示该行业类别仅有部分内容属于文化及相关产业。

表2　带“*”行业分类文化生产活动内容的说明

序号	国民经济行业分类及代码	文化及相关产业类别名称及小类代码	文化生产活动的内容
1	应用软件开发（6513*）	多媒体、游戏动漫和数字出版软件开发（0243）	包括应用软件开发中的多媒体软件、游戏动漫软件、数字出版软件开发活动。

续表

序号	国民经济行业分类及代码	文化及相关产业类别名称及小类代码	文化生产活动的内容
2	其他电信服务 （6319*）	增值电信文化服务（0244）	仅指固定网增值电信、移动网增值电信、其他增值电信中的文化服务，包括手机报、个性化铃音等业务服务。
3	其他数字内容服务（6579*）	其他文化数字内容服务（0245）	仅指文化宣传领域数字内容服务。
4	工程设计活动（7484*）	建筑设计服务（0321）	仅包括房屋建筑工程，体育、休闲娱乐工程，室内装饰和风景园林工程专项设计服务。
5	互联网生活服务平台（6432*）	互联网文化娱乐平台（0450）	仅包括互联网演出购票平台、娱乐应用服务平台、音视频服务平台、读书平台、艺术品鉴定拍卖平台和文化艺术平台。
6	投资与资产管理（7212*）	文化投资与资产管理（0510）	指政府主管部门转变职能后，成立的国有文化资产管理机构和文化行业管理机构的活动；文化投资活动，不包括资本市场的投资。
7	企业总部管理（7211*）	文化企业总部管理（0521）	指不具体从事对外经营业务，只负责文化企业的重大决策、资产管理，协调管理下属各机构和内部日常工作的文化企业总部的活动，其对外经营业务由下属的独立核算单位或单独核算单位承担，还包括派出机构的活动（如办事处等）。
8	园区管理服务（7221*）	文化产业园区管理（0522）	仅指非政府部门的文化产业园区管理服务。

续表

序号	国民经济行业分类及代码	文化及相关产业类别名称及小类代码	文化生产活动的内容
9	机制纸及纸板制造（2221*）	文化用机制纸及纸板制造（0711）	包括未涂布印刷书写用纸制造、涂布类印刷用纸制造、感应纸及纸板制造。
10	知识产权服务（7520*）	版权和文化软件服务（0730）	版权服务包括版权代理服务，版权鉴定服务，版权咨询服务，著作权登记服务，著作权使用报酬收转服务，版权交易、版权贸易服务和其他版权服务。文化软件服务指与文化有关的软件服务，包括软件代理、软件著作权登记、软件鉴定等服务。
11	婚姻服务（8070*）	婚庆典礼服务（0754）	指婚庆礼仪服务。包括婚礼策划、组织服务，婚礼租车服务，婚礼用品出租服务，婚礼摄像服务和其他婚姻服务。
12	贸易代理（5181*）	文化贸易代理服务（0755）	包括文化用品、图书、音像、文化用家用电器和广播电视器材等国际国内贸易代理服务。
13	专业性团体（9521*）	学术理论社会（文化）团体（0772）	学术理论社会团体包括党的理论研究、史学研究、思想工作研究、社会人文科学研究等团体的服务。文化团体包括新闻、图书、报刊、音像、版权、广播、电视、电影、演员、作家、文学艺术、美术家、摄影家、文物、博物馆、图书馆、文化馆、游乐园、公园、文艺理论研究、民族文化等团体的服务。

续表

序号	国民经济行业分类及代码	文化及相关产业类别名称及小类代码	文化生产活动的内容
14	其他未列明教育（8399*）	文化艺术辅导（0774）	包括美术、舞蹈、音乐、书法和武术等辅导服务。
15	智能无人飞行器制造（3963*）	娱乐用智能无人飞行器制造（0832）	指按照国家有关安全规定标准，经允许生产并主要用于娱乐的智能无人飞行器的制造。
16	电气设备批发（5175*）	舞台照明设备批发（0842）	包括各类舞台照明设备的批发。
17	可穿戴智能设备制造（3961*）	可穿戴智能文化设备制造（0953）	指由用户穿戴和控制，并且自然、持续地运行和交互的个人移动计算文化设备产品的制造。
18	其他智能消费设备制造（3969*）	其他智能文化消费设备制造（0954）	仅指虚拟现实设备制造活动。

附录二　中国六大城市主要文化产业园区名录

(截止到2018年12月)

(一) 上海

1. 田子坊　2. 8号桥　3. 创意仓库　4. 天山软件园　5. 传媒文化园　6. 乐山软件园　7. 时尚产业园　8. 虹桥软件园　9. 工业设计园　10. 旅游纪念品产业发展中心　11. 静安现代产业园　12. 周家桥　13. 文化科技创意产业基地　14. 设计工厂　15. M50　16. 同乐坊　17. 卓维700　18. 昂立设计创意园　19. 海上海　20. 创意联盟　21. 2577创意大院　22. X2数码徐汇　23. 建筑设计工场　24. 天地园　25. 车博汇　26. 德邻公寓　27. 合金工厂　28. 尚街LOFT　29. 逸飞创意街　30. 东纺谷　31. 空间188　32. 尚建园　33. 旅游纪念品设计大厦　34. 智慧桥　35. 通利园　36. 创邑·河　37. 创邑·源　38. J D制造　39. 数娱大厦　40. 西岸创意园　41. 湖丝栈　42. 1933老场坊　43. 绿地阳光园　44. 优族173　45. 新十钢　46. 华联创意广场　47. 98创意园　48. E仓　49. 外马路仓库　50. 汇丰　51. 智造局　52. 老四行仓库　53. 新慧谷　54. 中环滨江128　55. 孔雀园　56. 静安创艺空间　57. 时尚品牌会所　58. 原弓艺术仓库　59. 物华园　60. 建桥69　61. 聚为园　62. 金沙谷　63. 新兴港　64. 彩虹雨　65. 文定生活　66. 长寿苏河　67. SVA越界　68. 名仕街　69. 梅迪亚1895　70. 3乐空间　71. 南苏河　72. SOHO丽园　73. 古北鑫桥　74. 第一视觉创意广场　75. 临港国际传媒产业园

(二) 北京

1. 首钢工业旅游区　2. 北京DRC工业设计创意产业基地　3. 北京798艺术区　4. 宋庄原创艺术与卡通产业集聚区

5. 中关村创意产业先导基地　6. 中关村科技园区雍和园
7. 中关村软件园　8. 潘家园古玩艺术品交易园区
9. 大兴国家新媒体产业基地　10. 中国怀柔影视
11. 长安街沿线文艺演出集聚区　12. 琉璃厂文化产业园区
13. 高碑店传统民俗文化园区　14. 百工坊传统工艺
15. 什刹海文化旅游区　16. 北京欢乐谷生态文化园
17. 朝阳公园文化园区　18. 北普陀影视基地　19. 朝来农艺园
20. 北京飞腾影视城　21. 北京大观园　22. 高井传媒产业区
23. 歌华创意产业园　24. 海淀大学城
25. 北京龙徽葡萄酒博物馆　26. 后街美术与设计创意产业园
27. 三间房国际动漫产业园　28. 天桥演艺产业园区
29. 雅昌企业集团公司　30. 中国电影集团公司
31. 中国对外文化集团公司　32. 北京数字娱乐产业示范基地
33. 北岸 1292　34. 歌华大厦　35. 石景山 CRD
36. 北京经济技术开发区　37. 北京运河文化创意产业园
38. 国投信息创意产业园　39. 北京锦秋文化创意产业园
40. 莱锦文化产业创意园　41. 北京文化创意产业园
42. 一号地国际艺术区 D 区　43. 北京尚巴创意产业园
44. 北京出版创意产业园　45. 来广营文化创意产业园
46. 观音堂文化大道　47. 北京 CBD 国际传媒产业园
48. 北京音乐创意产业园　49. 北京戏道堂
50. 国家时尚创意中心北京（宋庄）时尚创意产业园
51. 竞园（北京）图片产业基地　52. 三里屯酒吧街
53. 中关村数字电视产业园　54. 北京文采文化创意产业园
55. 北京昊成传媒文化创意产业园（loft718）　56. 宝隆艺园
57. ART 国际艺术园　58. 惠通时代广场　59. 左右艺术区
60. 昌平八大文化创意产业聚集区　61. 工体娱乐圈
62. 751D · PARK 北京时尚设计广场　63. 中科创意产业园
64. 中华和谐文化创意产业园　65. 751 文化创意产业园

66. 中影集团电影数字制作基地

67. 中国传媒大学文化产业中心

（三）深圳

1. 深圳国家动漫画产业基地　2. 深圳市非遗文化创意产业园

3. 深圳瓷艺文化产业园　4. 深圳雁盟酒店文化产业园　5. 深圳南岭丝绸文化产业园　6. 嘉达科技文化产业园　7. 深圳海洋文化艺术产业园　8. 深圳市龙岗区文化艺术产业园　9. 深圳宝福珠宝文化产业园　10. 中国（深圳）摄影艺术文化产业园　11. 深圳设计之都创意产业园　12. 深圳市楼尚家居饰品市场　13. 深圳南山互联网创新创意服务基地　14. 深圳市宝安艺术城　15. 深圳西部国际珠宝城　16. 深圳市力嘉文化创意产业园　17. 深圳 182 设计产业园　18. 深圳文博宫　19. 深圳坪山雕塑产业园

（四）杭州

1. 杭州高新区国家动画产业基地　2. 杭州华策影视文化产业园　3. 西湖创意谷　4. 之江文化创意园　5. 西湖数字娱乐产业园　6. 运河天地文化创意产业园　7. 杭州钱江文化产业园　8. LOFT49　9. 唐尚 433　10. A8 艺术公社　11. 西溪创意产业园　12. 杭州华策影视文化产业园　13. 创意良渚基地　14. 湘湖文化创意产业园　15. 杭州创新创业新天地　16. 毛戈平时尚创意产业园　17. 乐富·智汇园

（五）成都

1. 成都文旅集团天府文化产业园　2. 洛带文化产业园　3. 客家文化产业园　4. 青城山文化产业园　5. 星路 35 号　6. 成都望丛文化产业园　7. 成都牧山湖文化产业园　8. 金沙文化产业园　9. 成都天府国韵文化产业园　10. 中国艺库创意产业园

（六）西安

1. 西安曲江国际会展产业园　2. 西安国际文化娱乐产业园　3. 造碑林文化产业园　4. 草滩生态产业园　5. 暨三古文化产业园　6. 西安万裕文化产业园　7. 西安航空基地通航产业园　8. 万裕高新文化产业园　9. 西安台湾文化创意产业园　10. 西安电力科技产业园　11. 西安半导体产业园

附录三　城市居民文化消费状况调查问卷

济南市文创产品消费状况调研

您好！为了解济南市居民文化消费现状，引导大家树立正确的文化消费观，并形成合理的文化消费结构，促进济南市文化消费的健康发展和山东省由“文化大省”到“文化强省”的迈进，我们组织了此次调查，感谢您的大力协作与支持！

本问卷不对外公布，您填写时不必有顾虑，请如实填写。

1. 您居住在以下哪个区？

A. 历下区　B. 市中区　C. 槐荫区　D. 天桥区

E. 历城区　F. 长清区

2. 您在这个区居住了多久？

A. 不满一年　B. 一年或一年以上

3. 您的性别：

A. 男　B. 女

4. 您的年龄？

A. 0～25 岁　B. 26～35 岁　C. 36～45 岁　D. 46～60 岁

E. 60 岁以上

5. 您的职业？

A. 在校学生　B. 企业职员　C. 机关事业单位人员

D. 自由职业者　E. 离退休人员

6. 您的月收入是？

A. 0~2000元　　B. 2001~4000元

C. 4001~6000元　　D. 6001元以上

7. 您对文化消费的了解程度如何？

A. 很了解　　B. 一般　　C. 略懂　　D. 不了解

8. 您愿意购买以下哪些具有一定文化内涵的产品？

A. 书画艺术品　　B. 旅游纪念品　　C. 电子产品　　D. 报刊

9. 您可以接受的单件文创产品的价格区间是哪个？

A. 50元以下　　B. 50~100元　　C. 100~300元

D. 300~500元　　E. 500元以上

10. 您最常消费以下哪些文创产品？

A. 书籍、杂志、报纸　　B. 唱片

C. 富有设计感的文具、家居杂货　　D. 电影院票、影视剧光碟

E. 戏剧类演出　　F. 音乐类演出　　G. 艺术展览

H. 艺术品收藏与交易　　I. 主题公园　　J. 沙龙讲座

11. 您对以上选择的文创产品的消费支出呈什么样的趋势？

A. 大幅上升　　B. 稍有上升　　C. 基本持平　　D. 稍有下降

E. 大幅下降

12. 您对目前市场上的文创产品有何看法？

A. 非常喜欢　　B. 比较喜欢　　C. 普通　　D. 不太喜欢

E. 不喜欢

13. 您喜欢这些文创产品的原因是什么？（可多选）

A. 创意独特，吸引人

B. 造型别致、材质新颖，美感与品质感兼具

C. 文化内涵丰富，具有地方特色

D. 有一定的使用价值，与现代生活方式契合

E. 有一定科技含量

F. 品牌有名　　G. 价格便宜

14. 您进行文化消费的目的是？

A. 娱乐、休闲　　B. 增加知识、提升素养

C. 社交需要　　D. 其他

15. 对文创产品的形态，以家居用品中的茶壶为例，您最喜欢以下哪个形状？

A. 圆形　　B. 方形

C. 三角形　　D. 多边形（如六边形）

16. 对文创产品的颜色，以旅游纪念品为例，您最喜欢以下哪个配色？

A. 黑白色等素色　　B. 红色等暖色系列

C. 绿色等冷色系列　　D. 红绿对比色

17. 对于文创产品的材质，以灯具为例，您最喜欢下列哪种材质？

A. 玻璃　　B. 陶瓷　　C. 宣纸　　D. 金属

E. 木制　　F. 竹编手工艺

18. 您是否满意现有的文创产品市场？

A. 非常满意　　B. 比较满意　　C. 一般　　D. 不满意

E. 非常不满意

19. 您觉得现有的文创产品有哪些缺点？（可多选）

A. 造型普通，美感不足

B. 制作粗糙，质感偏弱

C. 产品都很相似，缺乏创新力

D. 过于传统，不符合现代生活方式

E. 没有品牌识别性，不易区分不同品牌

F. 价格高

20. 您通过什么渠道了解、购买文创产品？

A. 个性化小店　　B. 文化创意品牌独立专卖店

C. 大众卖场　　D. 网络　　E. 朋友推荐

21. 您一般会在什么时候购买文创产品？

A. 需要送礼时　　B. 外出旅游时

C. 日常逛街时　　D. 定期浏览文创产品更新并购买

22. 决定您购买文创产品的因素由哪些？（可多选）

A. 文创产品本身设计突出　　B. 店铺展示和陈列设计吸引人

C. 有个人品牌偏好或者品牌效应　　D. 个人兴趣所致

E. 生活方式影响

23. 通常情况下，制约您购买文创产品的原因是？

A. 价格太高　　B. 文艺产品品质低

C. 商店环境不够好　　D. 离住所较远

24. 您一般多久会购买一次文创产品？

A. 频繁购买（每月 1 次）　　B. 经常购买（两个月 1 次）

C. 一般（三个月 1 次）　　D. 偶尔购买（四个月 1 次）

E. 几乎不购买（半年或半年以上 1 次）

25. 以下这些文创品牌，您知道的有哪些？（可多选）

A. The One　　B. 无印良品　　C. 阿莱西　　D. 上上

E. LUCK PARTY　　F. 品物流形　　G. 伊东屋　　H. 三生无形

I. D-BROS

26. 您认为济南文创产品发展最为突出的是？

A. 相声、小品　　B. 影视、传媒

C. 卡通、动漫　　D. 戏剧、旅游

E. 创意、策划

27. 如果收入增加，您会对哪些文化消费类型更感兴趣？

A. 红色旅游文化　　B. 地方群艺文化

C. 酒吧等休闲文化　　D. 影视文化

E. 传统湖湘文化　　F. 其他（多元文化）

28. 您认为济南文化产业发展繁荣的主要原因是什么？

A. 群众积极参与　　B. 政府大力支持

C. 济南特有的文化传统与氛围　　D. 企业赞助

29. 您认为济南市文化产业的发展在哪些方面需要改善？

A. 文化消费结构　　B. 文化消费环境

C. 文化产业发展体制　　D. 政府支持力度

30. 您对济南市文化消费及文化产业的发展有什么好的建议？

问卷到此结束，感谢您的参与！

后记

就是在这样一个初冬的午后，终于修改完了这部著作。然而，在片刻的欢欣和释然之后，忽然觉得这只是一个开始。正如日常生活的审美化永远是一项未竟的现代性工程一样，对学术的至上追求也永远需要我们倾其一生的努力。

都市的喧嚣与繁华带给我们太多的诱惑，同时也预示着更多的机会。曾几何时，我们试图逃离这耸入云霄的高楼大厦，跑到乡间去体会羊儿的悠闲，品味小花的芬芳。然而，消费社会给都市生活带来的各种便利和机会又把我们拉回到城市之中。毕竟，都市是现代文明的发源地，以其开阔的视野和文化的快速传播时刻保持着与世界文明的同步。因此，我才能在这个都市文化氛围中能了解到鲍德里亚、费瑟斯通、布尔迪厄、韦尔施、拉斯史文德森、波斯特莱尔和德塞尔托等西方学者，以及他们对这个消费社会的深刻洞悉和精辟分析。

感谢我的博士后导师——山东大学文艺美学中心的陈炎教授，在我博士后期间对本书的选题及写作过程的悉心指导！陈老师开阔的学术视野、温厚博大的人文情怀以及严谨犀利的批判意识对我做学问的方式启发很大。今后在科研中我会继续体悟导师的学术智慧，真正做到融会贯通，也以此告慰恩师英灵！

感谢我的博士生导师——东南大学的凌继尧教授！凌老师对学术问题极其敏锐的捕捉能力使我在学术前沿的道路上感受到了学术探索的种种惊喜。同时，凌老师谦和包容的培养方式使我在读博期间就形成了自由探索的学术勇气；而凌老师严谨而又近乎苛刻的学术态度又让我对学术一直保持敬畏，不敢懈怠！

感谢山东大学文艺美学中心的曾繁仁教授、谭好哲教授、程相占教授、王汶成教授、屠友祥教授的精辟点评，使我更好地完善本书。

感谢家人对我的陪伴与支持，使我在繁忙的教学和科研中一直感受到温暖和幸福的力量！

感谢我的学生们，你们对知识渴求的目光将是我一直奋进的动力！

感谢在学术道路上一直携手前行的各位同仁！

张爱红

2019 年 11 月